Richard Grundmann

Die Entwicklung der Ästhetik Kants

Mit besonderer Rücksicht auf einige bisher unbeachtete Quellen

Richard Grundmann

Die Entwicklung der Ästhetik Kants
Mit besonderer Rücksicht auf einige bisher unbeachtete Quellen

ISBN/EAN: 9783743469501

Hergestellt in Europa, USA, Kanada, Australien, Japan

Cover: Foto ©Thomas Meinert / pixelio.de

Weitere Bücher finden Sie auf **www.hansebooks.com**

Die Entwicklung der Aesthetik Kants.

Mit besonderer Rücksicht auf einige bisher unbeachtete Quellen

dargestellt von

Richard Grundmann.

Inaugural-Dissertation

zur

Erlangung der Doctorwürde

bei der

hohen philosophischen Fakultät

der

Universität Leipzig.

München 1893.

Kgl. Hof- und Universitäts-Buchdruckerei von Dr. C. Wolf & Sohn.

Meinen teuren Eltern

in Dankbarkeit

gewidmet.

Während Aesthetiker von Fach und Geschichtsschreiber der Philosophie allzeit bemüht waren, die „Kritik der Urteilskraft" durch Inhaltsangaben und Beurteilungen aller Art dem Verständnis weiter Kreise nahe zu bringen, haben die Forscher die übrigen Werke Kants bei der Behandlung seiner Aesthetik bisher nie vollständig verwertet und der Entwicklung seiner ästhetischen Ansichten nur wenig Beachtung geschenkt. Und doch liegen gerade ausserhalb der K. d. U. in gelegentlichen Bemerkungen und längeren Exkursen eine Fülle der Bausteine vor, die Kant später dem System seiner reifen Aesthetik teils eingefügt, teils als Fundamente zu Grunde gelegt hat. Allerdings verbergen sie sich zumeist in solchen Schriften des grossen Philosophen, die nicht von ihm selbst, sondern erst viele Jahre nach seinem Tode von fremder Hand zum Druck befördert worden sind. Ihnen deswegen mit Misstrauen zu begegnen, ist ungerechtfertigt; der vorurteilsfreie Betrachter wird auch in den von Pölitz und Starke veröffentlichten Vorlesungen über Metaphysik (Erfurt 1821) und Anthropologie (Leipzig 1831) zwar nicht überall der Form aber sicherlich immer dem Inhalte nach echte Werke Kants und unverfälschte Erzeugnisse seines Geistes erkennen[1]). Noch H. Falkenheim berücksichtigt dieselben in seiner Untersuchung[2]) nicht; er giebt

---

[1]) Vgl. Ueberweg-Heinze: Grundriss der Geschichte der Philosophie. III. Teil. 7. Aufl. pg. 227 und Benno Erdmann: Eine unbeachtet gebliebene Quelle zur Entwicklungsgeschichte Kants. Philosophische Monatshefte Bd. XIX pg. 129.

[2]) Die Entstehung der kantischen Aesthetik. I.-D. Heidelberg 1890.

infolgedessen statt der verheissenen Entstehungsgeschichte der kantischen Aesthetik im wesentlichen nur eine Herleitung der K. d. U. aus dem Ganzen des Kritizismus und sucht dies durch die Versicherung zu entschuldigen, dass wir zwischen den „Beobachtungen" von 1764 und der K. d. U., ausser einer Anmerkung in der Vernunftkritik, keine Nachricht über Kants Stellungnahme zu den ästhetischen Problemen besässen. Ich muss diese Behauptung für hinfällig erklären und denke im Verlauf meiner Darstellung ein reicheres Bild von dem Entwicklungsgange der Aesthetik Kants entwerfen, sowie auch eine genügende Anzahl von Bindegliedern zwischen der vorkritischen und kritischen Periode derselben nachweisen zu können. Bei den für diesen Zweck noch nie benutzten Werken, wozu ausser den beiden obigen auch die pragmatische Anthropologie (1798) und die „Logik" (1800) gehören, werde ich um so länger verweilen dürfen, als die K. d. U. bereits Bearbeitungen in jeder Hinsicht erfahren hat. Wenn daher in der nachfolgenden Abhandlung der Nachdruck nicht, wie sonst zu geschehen pflegt, auf die K. d. U. gelegt wird, sondern auf Kants ästhetische Anschauungen in der Zeit vor und nach ihrem Erscheinen, so soll damit die Bedeutung jenes Werkes keineswegs herabgesetzt werden.

Die genaue Kenntnis desselben ist hier vielmehr Voraussetzung und ich werde bei der Besprechung einer jeden einschlägigen Schrift die Zusammenhänge mit der K. d. U. als dem eigentlichen ästhetischen Hauptwerke Kants aufzeigen, um so der Entwicklung im einzelnen nachzugehen.

Die „Beobachtungen über das Gefühl des Schönen und Erhabenen" (1764) sind die erste Schrift, in welcher Kant seine Forschung ästhetischen Fragen zugewendet hat. Er geht hier von der Thatsache des allen Menschen eigenen Gefühles der Lust und Unlust aus und führt unsere verschiedenen Empfindungsweisen mehr auf dieses Seelenvermögen als auf die Beschaffenheit der dasselbe afficierenden Aussenwelt zurück. In dieser prägnanteren Fassung des englischen Sensualismus, von dem Kant sich in dieser Abhandlung überall beeinflusst zeigt, klingt bereits der Grundgedanke des ästhetischen Subjektivismus leise an. Nun sind die ästhetischen Gefühle des Schönen und Erhabenen Gefühle von feinerer Art, weil sie sich nur in einer für die Tugend oder geistige Vorzüge besonders beanlagten Seele finden. Hierin tritt der moralische Charakter dieser Aesthetik, die Verbindung der Schönheit mit der Sittlichkeit zu Tage. Wie wir sehen werden, hat Kant die Neigung zu einer solchen Vereinigung eigentlich niemals verloren. Das Schöne und Erhabene machen auf unser Gemüt einen angenehmen Eindruck, doch mischt sich beim Erhabenen in das Wohlgefallen ein Grausen (pg. 4)[1], beim Schönen aber ist die angenehme Empfindung fröhlich und lächelnd. Nach dem Vorgange der Engländer bildet die Beschreibung der ästhetischen Phänomene den Hauptinhalt der „Beobachtungen". Kant selbst giebt für die Art seiner Darstellung im 3. Abschnitt die Erklärung, dass er „in der Empfindung des Schönen nur

---

[1] Rigaer Ausgabe von 1771.

die Erscheinungen zu beobachten und zu erläutern habe" (pg. 62). So nennt er die Nacht erhaben, den Tag schön. Er findet am Menschen, den das Gefühl des Erhabenen bewegt, einen ernsten, zuweilen staunenden Gesichtsausdruck; beim Betrachter des Schönen bemerkt er lächelnde Züge, leuchtende Augen, herzliche Fröhlichkeit und folgert daraus, dass das Schöne „reizt", während das Erhabene „rührt" (pg. 5). Je nachdem das Gefühl des Erhabenen mit Grausen oder Schwermut, mit ruhiger Bewunderung und mit „einer über einen erhabenen Plan verbreiteten Schönheit" verbunden ist, nennt Kant es schreckhafterhaben, edel und prächtig. Tiefe Einsamkeit ist schreckhafterhaben; eine grosse Höhe gehört zum Edlen: für das Prächtige bietet die römische Peterskirche ein Beispiel. Das Erhabene muss stets gross und einfach sein, das Schöne kann auch klein und verziert erscheinen (pg. 8). Fällt eine lange Dauer in die Vergangenheit, so kann sie für edel gelten, als Ewigkeit gedacht hat sie etwas vom Schreckhaften an sich. In den Bemerkungen über das Erhabene finden sich ebenfalls Anklänge an Kants reife Aesthetik. Das beim Erhabenen charakteristische Zusammentreffen zweier ganz verschiedener Gefühlsweisen wurde schon oben (pg. 4) richtig erkannt. Ferner liegt ein Hinweis auf die spätere Lehre vom Mathematisch-Erhabenen in der Aeusserung, dass die mathematische Vorstellung von der unermesslichen Grösse des Weltalls eine gewisse Erhabenheit und Würde enthalte. Beim Prächtigen wird eine Verbindung des Erhabenen mit dem Schönen behauptet; die Verknüpfung beider Gefühlsweisen wird sogar von Kant für nothwendig erachtet, weil das Erhabene stärker als das Schöne ist und ohne Abwechslung mit dem letzteren die Seelenkräfte bald abspannt. Diese Forderung scheint Kant späterhin aufgegeben zu haben, wenigstens betont er sie in der K. d. U. nicht mehr so energisch und kommt darauf überhaupt nur einmal vorübergehend zu sprechen [1]). Die objektive Schönheit und Erhabenheit will Kant hier zwar nicht bestreiten und das Schöne (bzw. Erhabene) nur im Subjekt suchen, aber die Beobachtung des durch die Einwirkung der Objekte hervorgerufenen Gefühlszustandes ist ihm doch ganz wie den Engländern, die Hauptsache. In Anlehnung an die englische Aesthetik beurteilt er auch die sittlichen Eigenschaften vom ästhetischen Standpunkte. So ist Kühnheit erhaben und gross, List aber klein und schön. Wahrhaftigkeit und Redlichkeit sind edel, Scherz und gefällige Schmeichelei schön. Auch an Lastern und Gebrechen finden sich bisweilen Erhabenheit und Schönheit. Der Zorn Achills z. B. ist erhaben.

Die äussere Erscheinung des Menschen ruft bald die eine, bald die andere ästhetische Gefühlsweise hervor. Schwarze Augen und dunkler Teint tragen den Zug des Erhabenen, blaue Augen und blondes Haar den des Schönen an sich (pg. 14). Jugend vereinbart sich mit dem Schönen, ein höheres Alter aber mehr mit dem Erhabenen Das Schreckhafterhabene wird durch Unnatur zum Abenteuerlichen, das Schöne artet ohne jegliches Gefühl des Edlen ins Läppische aus. Die Gemütsanlage der 4 sogenannten Temperamente bringt Kant gleichfalls mit den ästhetischen Gefühlen in Zusammenhang. So hat der Melancholische vorzüglich Gefühl für das Erhabene, der Sanguiniker ein vorherrschendes Gefühl für das Schöne, der Cholerische neigt besonders zum Prächtigen, während der Phlegmatische keine Ingredienzien vom Schönen und Erhabenen in sonderlich merklichem Grade besitzt (pg. 39). Die enge Beziehung zwischen Aesthetik und Moral leuchtet vielfach hervor. Erhaben handelt, wer für Vaterland und Freunde Gefahren

---

[1]) Vgl. Kritik der Urteilskraft (ed. v. Kirchmann, 2. Aufl.) § 52.

übernimmt oder seine Leidenschaften durch Grundsätze bezwingt. Unter den sittlichen Eigenschaften ist „wahre Tugend allein erhaben". Dieselbe kann nur auf Grundsätzen beruhen und je allgemeiner diese sind, desto erhabener und edler ist auch die Tugend. Mitleid und Gefälligkeit können nicht für die Grundlage wahrer Tugend gehalten werden; für die einzige Quelle derselben wird mit Shaftesbury das „Gefühl von der Schönheit und Würde der menschlichen Natur" erklärt (pg. 23). Neben den ästhetischen Gefühlen giebt es noch feinere moralische Empfindungen, ja es tritt eine innige Verkettung beider ein, denn gelegentlich spricht Kant auch von „Empfindungen des Erhabenen und Schönen, vornehmlich sofern sie moralisch sind" (pg. 29). Eben wegen ihrer innigeren Beziehung zum Moralischen besitzen auch die Rührungen des Erhabenen „mehr Bezauberndes, als die gaukelnden Reize des Schönen." Diese Aeusserung Kants ist für uns von grosser Bedeutung, denn sie lässt in der späteren „Analytik des Erhabenen" eine Fortbildung dieses hier zuerst erscheinenden, von Burke angeregten Gedankens erkennen.[1]) Auch die Vereinigung von Verstand und Gefühl bei der Beurteilung des Schönen, welche in der K. d. U. eine so bedeutsame Stellung einnimmt, berührt Kant schon hier. Er hebt hervor, dass das Gefühl zwar immer der Hauptfaktor bleibt, weist aber zugleich auf den grossen Zusammenhang der Fähigkeiten unserer Seele hin, „so dass man meistens von der Erscheinung der Empfindung auf die Talente der Einsicht schliessen kann" (pg. 24.)

Sodann werden die Gefühlsunterschiede des Erhabenen und Schönen bei den zwei Geschlechtern besprochen. Die Welt des Schönen gehört der Frau, das Reich des Erhabenen dem Manne. Auch hier zieht Kant nicht bloss die ästhetischen,

[1]) Vgl. K. d. U. § 29, S. 118 der Ausgabe v. Kirchmanns.

sondern auch die moralischen Empfindungen in Betracht. So rühmt er am Weibe viel gutherzige Teilnahme und Mitleiden. Im Gegensatz zur edlen Mannestugend spricht er von einer schönen Tugend der Frau, denn diese bestehe im Vermeiden des Bösen, weil es hässlich, und im Vollbringen des Guten, weil es sittlichschön ist (pg. 56). Selbst den moralischen Ausdruck im Frauenantlitz setzt Kant zu den ästhetischen Gefühlen in Beziehung und unterscheidet von der im eigentlichen Sinne „schönen" noch die angenehme und die „reizende" Frau. Bei zunehmendem Alter sollen die erhabenen und edlen Eigenschaften allmählich an die Stelle der schönen treten, die Grazien den Musen weichen (pg. 74). Die wechselseitige Neigung der beiden Geschlechter begründet Kant damit, dass die Frau ein vorherrschendes Gefühl für das Schöne hat, sofern es ihr selbst zukommt, für das Edle aber, insoweit sie es beim Manne wahrnimmt, während der Mann ein entschiedenes Gefühl für das Edle besitzt, das zu seinen Eigenschaften gehört, für das Schöne hingegen, sobald er es bei der Frau findet. Aus den Grundsätzen dieser moralischen Aesthetik folgt alsdann die Auffassung der Ehe als eine sittliche Gemeinschaft, in welcher der Verstand des Mannes und der Geschmack der Frau zu beiderseitigem Wohle sich bethätigen und zwar so, dass die Eigenschaften des Mannes veredelt, diejenigen der Frau verschönert werden (pg. 78).

Den Gesichtskreis seiner Beobachtungen erweitert und vervollständigt Kant durch eine Betrachtung der charakteristischen ästhetischen Gefühle bei den einzelnen Nationen. Unbedingte Giltigkeit nimmt er für seine Ausführungen nicht in Anspruch, da sich ihm das Unzutreffende mancher Behauptung wohl selbst fühlbar gemacht hatte. Auch das Schöne teilt er hier in zwei Unterarten ein und trennt das Bezaubernd- (oder Rührend-) Schöne von dem Lachend- (oder Reizend-

Schönen (pg. 82). Das erste weist er dem Italiener, das zweite dem Franzosen als ästhetischen Gefühlscharakter zu. Gefühl für das Schreckhafterhabene sei besonders dem Spanier, für das Edle dem Engländer und für das Prächtige namentlich dem Deutschen eigen. Darum werde der Deutsche weniger am Schönen hängen als der Franzose und weniger zum Erhabenen neigen als der Engländer, aber in den Fällen, wo beides verbunden erscheinen soll, werde er es jenen zuvorthun.

Die eigentümliche Gefühlsweise, die besondere Geschmacksrichtung bei den verschiedenen Nationen äussert sich nun in denjenigen Künsten und Wissenschaften, denen sie hauptsächlich Pflege und Förderung haben zu teil werden lassen. Bei dieser Gelegenheit offenbart sich Kants dürftige Kenntnis der Kunstgeschichte. Von den bildenden Künsten und der Musik weiss er fast nichts zu sagen; verhältnismässig am meisten zeigt er sich noch mit der Dichtkunst und Litteratur vertraut Sein Urteil ist trotz aller Vorsicht vielfach durchaus irrig. Wenn er von Frankreich sagt: „das Lustspiel, die feinen Scherze, die lachende Satire, das verliebte Tändeln und die leicht und natürlich fliessende Schreibart sind dort Original" (pg. 84), so dürfen wir ihm zweifellos beistimmen; in offenem Widerspruch mit den geschichtlichen Thatsachen steht jedoch seine Ansicht, dass die spanische Nation wenig Gefühl für die schönen Künste und Wissenschaften gezeigt habe (pg. 85). Am deutlichsten findet Kant den Gemütscharakter der Völker in ihrer sittlichen Eigenart ausgeprägt und das giebt ihm Veranlassung, von dem für ihn schlüpfrigen Boden der Kunst auf das Gebiet der Moral überzugehen. Er betrachtet den „moralischen Charakter" des Italieners, der Gefühl für das Schöne und Erhabene in sich vereinigt und schreibt dem Franzosen ein herrschendes Gefühl für das sittlich Schöne zu.

Der Deutsche zeige eine glückliche Verbindung beider Arten ästhetischen Empfindens. Indessen ist auch die Charakteristik der einzelnen Nationen zum wenigsten unzureichend, häufig aber geradezu falsch. Nur diejenige des Franzosen trifft zu, wobei sich Kant allerdings auf so gewichtige Gewährsmänner, wie einen Montesquieu und d'Alembert beziehen konnte (pg. 90). Am ungünstigsten lautet das Urteil über die Holländer, denen Aufgeblasenheit und die „elende Eigenschaft" der Grobheit vorgeworfen wird. Selbst die Auswüchse und Entartungen der Religion zieht Kant heran, um die besondern Nationaleigentümlichkeiten zu beleuchten. Nach längeren anthropologischen Abschweifungen kehrt er sodann (pg. 107) zur Aesthetik mit der Bemerkung zurück, dass der Geschmack, wie ein Blick auf die Geschichte lehrt, von jeher einem Proteus an Unbeständigkeit geglichen hat. Echtes Gefühl für Schönheit besass die antike Welt. Schon zum Nachteil verändert zeigt es sich bei den Römern der Kaiserzeit; ganz verderbt und corrumpiert aber erscheint es im gotischen Stile des Mittelalters. Im Einklang mit dem Urteil seiner Zeit äussert sich Kant hier voll Verachtung und Geringschätzung über das Mittelalter, für dessen Lichtseiten auch ihm noch jedes Verständnis fehlt. „Man sah nicht allein Fratzen in der Baukunst, sondern auch in den Wissenschaften und den übrigen Gebräuchen. Das verunartete Gefühl, da es einmal durch falsche Kunst geführt ward, nahm eher eine jede andere natürliche Gestalt, als die alte Einfalt der Natur an und war entweder beim Uebertriebenen oder beim Läppischen" (pg. 108).

Bedeutsam ist, dass Blüte und Verfall des Geschmackes mit den gleichzeitigen sittlichen Zuständen in Parallele gestellt werden. Es erklärt sich dies ganz aus dem Geiste der englischen Aesthetik, mit welcher Kant auch hierin vollständig übereinstimmt. Wie der Geschmack, so die Sitten einer Zeit. Kant spricht diese Anschauung klar genug aus: „Man bemerkt, dass der Geschmack nicht leichtlich auf einer Seite ausartet, ohne auch in allem übrigen, was zum feineren Gefühle gehört (also auch im Moralischen) deutliche Zeichen seiner Verderbnis darzulegen" (pg. 109). Diese Ueberzeugung von der grossen Bedeutung des Geschmacks für die Kulturentwicklung hat er nie aufgegeben.[1]

Trotzdem Kant, als er die „Beobachtungen" verfasste, ein Verehrer Rousseaus war und ihm darin beistimmte, dass man nicht gegen die Natur handeln dürfe, teilt er dennoch weder dessen Ansicht über den verderblichen Einfluss der Kunst und des Geschmacks auf die Sitten noch sein pessimistisches Urteil über die Gegenwart. Freudig begrüsst er vielmehr das Wiederaufblühen des guten Geschmackes in Kunst, Wissenschaft und Sitten zu seiner Zeit.

Für die damals sehr geringe Kunstanschauung Kants bietet einen frappanten Beleg die Behauptung, dass „ein Gebäude durch Uebertünchung, welche gehauene Steine vorstellt, einen eben so edlen Eindruck macht, als wenn es wirklich daraus bestünde und geklebte Gesimse und Pilaster die Meinung von Festigkeit geben, ob sie gleich wenig Haltung haben und nichts unterstützen" (pag. 36.) Ebenso bewies schon die Flüchtigkeit, mit der Kant über die Künste hinwegging, deren Wahl den Geschmack der Nationen veranschaulichen sollte, wie wenig heimisch er sich auf diesem Gebiet fühlte.

In der Würdigung der Kunst als Erzieherin zur Veredlung, in der Betonung, dass sie den Geschmack hebe und jederzeit einige Verknüpfung mit sittlichen Regungen habe, folgt er ganz seinem Vorbilde Shaftesbury. Bemerkenswert in Hinblick auf Kants spätere Anschauungen ist auch der Um-

---

[1] Vgl. K. d. U. § 59, S. 226.

stand, dass bereits hier die Kunst zur Natur als dem Muster alles Schönen in engste Beziehung gesetzt wird. Der Geniebegriff ist Kant in dieser Schrift noch nicht geläufig. Die Dichtungen Homers und Miltons werden Werke „des Witzes und feinen Gefühls genannt" und nur einmal bemerkt Kant nebenbei, das Genie müsse frei sein vom Zwange der Regeln. Dieser und die anderen gerügten Mängel trüben uns jedoch den Genuss an dem fesselnden Gemälde nicht, welches sich in den „Beobachtungen" vor unsern Augen entrollt Das Einzelleben, das Doppeldasein, wie es die Ehe vorstellt, und endlich die grosse Gesammtheit zeigen sich durchdrungen und belebt vom Gefühl des Schönen und Erhabenen: ein ästhetisches Weltbild, dessen Anblick wohl geeignet ist, uns von dem Werte jener Gefühle und ihrer Bedeutung für das Leben zu überzeugen.

Man hat, wie ich glaube, diese früheste ästhetische Schrift Kants bisher nicht ganz so gewürdigt, wie sie es als Grundlage für die Entwicklung seiner Aesthetik verdient. Wenn auch nicht geleugnet werden soll, dass die teils anthropologische, teils moralische Färbung des Ganzen dem ästhetischen Inhalt Abbruch gethan hat, so bleiben immerhin einige Aeusserungen für uns von wesentlicher Wichtigkeit. Zunächst darf nicht übersehen werden, dass die Hervorhebung des Subjektiven, die Betonung des Gefühls der Lust und Unlust als des massgebenden Faktors bei allem Aesthetischen hier deutlicher sich anzeigt und mit mehr Nachdruck ausgesprochen ist als dies bei den Engländern der Fall war. Sodann fanden wir in den Bemerkungen über das Erhabene Hinweise auf die spätere Fassung dieses Begriffes: Kant brachte es mit der Moral in Verbindung, er bemerkte treffend die subjektiven Vorgänge dabei und deutete das Mathematisch-Erhabene bereits an. Schliesslich wurde die hohe Bedeutung des Geschmackes und der Kunst erkannt sowie auch die in der Aesthetik wichtige Vereinigung von Verstand und Gefühl vorübergehend gestreift. Zeigen auch alle diese Anschauungen Kants Abhängigkeit von der sensualistischen Aesthetik, so erscheinen sie doch nicht als einzelne empirische Sätze nur wiederholt, sondern ungleich vertiefter und so von Kant aufgenommen, dass sie auch bei dem Ausbau seines Systems unverrückte Grundsteine bleiben.

Welcher Art die Quellen waren, aus denen er damals mit Vorliebe schöpfte, bezeugt die „Nachricht von der Einrichtung seiner Vorlesungen im Winterhalbjahr 1765/66", worin er Shaftesbury, Hutcheson und Hume ausdrücklich erwähnt und ihren Ansichten die nötige Präzision oder Ergänzung zu geben verspricht.

Den „Beobachtungen" schliessen sich in Ton und Haltung eng jene Vorlesungen an, die Kant über Anthropologie gehalten und Starke 1831 veröffentlicht hat. Die Ausgabe führt den Titel: „Immanuel Kants Menschenkunde oder philosophische Anthropologie" und ist jetzt sehr selten geworden. Sie überragt an Wert und Ausführlichkeit bei weitem die pragmatische Anthropologie von 1798. Der Herausgeber hat den Vortrag zwar hier und da abgeändert, aber ihm doch Kants energische Eigentümlichkeit gelassen. Benno Erdmann (a. a. O.) vermutet in dieser „Menschenkunde" eine Nachschrift der ersten anthropologischen Vorlesung Kants aus dem Winter 1773. Indessen beweist die Erwähnung von Lessing's „Nathan" (pg. 38), dass die Vorlesungen, wie sie hier mitgeteilt sind, vor 1776 nicht gehalten sein können. Da ihr Inhalt verrät, dass die Kritik der reinen Vernunft noch nicht erschienen war und Kant hinsichtlich der Lehre vom Verstande hier noch auf dem Standpunkt seiner Dissertation von 1770 steht, dürfte diese Nachschrift mit hoher Wahrscheinlichkeit an den Schluss der siebziger Jahre zu setzen sein. Zweifellos haben wir ein kantisches Werk vor uns. Naturgemäss musste der anthropologische Charakter darin vorwalten. Da aber auch das Gefühlsvermögen in den Kreis der Betrachtung gezogen wird, erhalten wir einen wichtigen Aufschluss über Kants Verhältnis zur Aesthetik in einer Zeit, für die man bisher, was unser Gebiet anlangte, nur auf Vermutungen angewiesen war.

Die ästhetischen Bemerkungen sind durch das ganze

Buch verstreut. Sie aufzusuchen, unter bestimmten Gesichtspunkten zu ordnen und danach den Fortschritt in der ästhetischen Entwicklung Kants darzulegen ist hier zum ersten Mal versucht worden. Für den allgemeinen Stand des kantischen Philosophierens um diese Zeit ist die öftere Bezugnahme auf Hume (pg. 234, 309, 330, 364) und die Billigung seiner Ansichten, für den der ästhetischen Anschauungen im besondern die Erwähnung von Shaftesbury (pg. 155, 349), Hutcheson (302) und Baumgarten (9) bedeutungsvoll.

Der Geschmack, das Schöne und Erhabene.

Wenn wir Dinge beurteilen, sollen wir uns mit dem allgemeinen Sinn und Geschmack verständigen, nicht aber unser eigenes Denken und Empfinden für allein massgeblich ansehen. Wir müssen nach dem sensus communis urteilen und zu ihm unsere Zuflucht nehmen. Unter sensus communis ist dabei die Uebereinstimmung der Denkart vieler Menschen verstanden. Es ist albern zu behaupten, dass jeder seinen eigenen Geschmack hat, weil überhaupt von Geschmack erst dann die Rede sein kann, wenn wir wie viele andere zu empfinden fähig sind, so dass unser Geschmack auch für sie gilt. Auf die Uebereinstimmung mit den Empfindungen vieler also und darauf, dass in den Gefühlen der Menschen etwas Allgemeines ist, haben wir bei jedem Geschmacksurteil zu achten. Dem nach kann der Geschmack als das Vermögen mit Beifall zu wählen bestimmt werden (pg. 280). Ein in völliger Einsamkeit lebender Mensch wird keinen Geschmack besitzen, weil man nur dann Geschmack zeigt, „wenn man für jedermann und nicht nur für sich wählt". Wer mit seiner Wahl bei andern keinen Beifall findet, kann wohl sagen, er habe seinen eigenen Geschmack, in Wahrheit aber besitzt er gar keinen. Allerdings lässt sich, giebt Kant zu, über den Geschmack nicht so bestimmend sprechen, wie über einen philosophischen Satz, weil diese Materie nicht unter Begriffe zu bringen ist. Nach alledem ist Geschmack ein Urteil über das allgemein Gefallende. Wie sich Kant in diesen Erklärungen dem Empirismus völlig anschliesst, so folgt er auch in der Wertschätzung des Geschmacks der englischen Aesthetik. Das Talent des Geschmacks zeigt einen verfeinerten Menschen an und macht das menschliche Herz empfänglich für moralische Eigenschaften (pg. 190). Ein Dichter, der obscöne Gegenstände zum Vorwurf nimmt, versündigt sich darum am Geschmack; er sollte uns vielmehr durch seine Kunst über die thierische Natur erheben und von ihren Trieben befreien. Die Kultur des Geschmackes ist zugleich eine Vervollkommnung der Menschheit in sittlicher Hinsicht. „Je mehr der Geschmack bei dem Menschen ausgebildet wird, desto mehr ist er empfänglich und fähig, in die gute Denkart überzugehen" (pg. 281; p. A. 190).

Wie später in der K. d. U. unterscheidet Kant schon in diesen Vorlesungen das Schöne vom Angenehmen und Guten. Was den Sinnen gefällt ist angenehm (pg. 279), was nach Begriffen gefällt ist gut; schön ist, was dem Geschmacke gefällt. Das Angenehme vergnügt durch die Empfindung und ist im Grade dem bloss in der Beurteilung des Geschmacks gefallenden Schönen überlegen. Dafür hat das Schöne jedoch den Vorzug der Allgemeingültigkeit. Das interesselose Wohlgefallen am Schönen, worauf Kant hier anspielt, wird jedoch nicht konsequent aufrecht erhalten. Kant steht noch zu sehr unter dem Einflusse der englischen und deutschen Schuldogmen, um die Trennung des Schönen vom Guten, Nützlichen und Angenehmen ganz durchzuführen. Zwar behauptet er: »das Schöne und Angenehme hat seinen Grund in Empfindungen, während das Gute Gegenstand der Vernunft ist«, aber er fügt hinzu: Wenn auch das Schöne mit dem Guten nicht identisch ist, so steht es doch in natürlicher Verbindung mit ihm. Ohne Beziehung auf das Gute, sagt er ausdrücklich, giebt es kein Schönes (pg. 286). Auch mit dem Nutzen muss alle Schönheit zusammenfallen, wenigstens darf sie ihm nicht widerstreiten. Allein es regen sich auch schon Bedenken gegen die Richtigkeit dieser Lehre in Kant. Er findet, dass die Natur das Nützliche nicht immer mit Schönheit ausgestattet hat, während das Unkraut gewöhnlich am schönsten blüht (pg. 287). Andere Einsichten decken sich vollständig mit den Resultaten seiner reifen Aesthetik. So tadelt Kant, dass wir die Schönheit nicht vom Reize zu sondern wissen, und doch ist beides unvereinbar, denn »das Schöne betrifft die Form allein« (pg. 284). »In unser Urteil des Geschmacks muss sich kein Reiz einmischen« (pg. 284). Wer etwas um des Reizes willen für schön erklärt, urteilt nicht mit Geschmack. Ein echtes Kunstwerk muss auf den Beobachter einen solchen Eindruck machen, dass er alle Reize übersieht. Die Objektivität des Schönen stellt Kant noch nicht in Abrede. Er gesteht zu, dass in den Gegenständen etwas liegt, woran wir ihre Schönheit d. i. ihre Bestimmung für den öffentlichen Sinn erkennen: Dahin gehören Ebenmass und Symmetrie. »Die Angemessenheit und Ordnung in einem Hause, wo die Thür nicht in einem Winkel angebracht ist, muss jedem gefallen. Dies lässt sich aus der Natur der Sache beweisen. Allein die Notwendigkeit, dass die Menschen darin übereinkommen müssen, können wir aus der Vernunft nicht darthun, sondern müssen die Erfahrung befragen. Daher haben alle Geschmackssachen das Besondere, dass sie vieler Untersuchungen bedürfen; aber nur im Anfange, bis der Geschmack ausgebildet ist; hat aber etwas Beifall gefunden, so kann man dies für eine Geschmacksregel halten« (pg. 282 f.). Damit stellt Kant sich ganz auf den Boden der Erfahrung, und in ihrer streng objektiven, durch und durch empirischen Haltung steht diese Aeusserung in der kantischen Aesthetik einzig da. — Der Stufenfolge nach nimmt das Angenehme den untersten Rang ein; darauf folgt das Schöne. Obenan steht das Gute und Nützliche. Der Beifall, den das Angenehme findet, beschränkt sich auf einen kleinen Kreis; ein grösseres Gebiet des Wohlgefallens fällt dem Schönen zu. Auch hierin bleibt Kant sich also nicht treu, denn vorher hatte er dem Schönen allgemeines Wohlgefallen zugesprochen, nach seiner jetzigen Meinung aber hat nur das Gute den Beifall Aller zu beanspruchen (pg. 295).— Verhältnismässig sehr gering an Zahl sind die Bemerkungen über das Erhabene. An einer Definition desselben fehlt es ganz. Kant hebt besonders die sensualistische Wirkung des Erhabenen, seinen Einfluss auf die vitalen Empfindungen hervor. Er spricht von Grausen und Schauer[1]), die uns in einem rührenden Schauspiel oder bei einigen Stellen in Hallers Gedicht von der Ewigkeit ergreifen; der Einfluss von Burke wird daraus ersichtlich. Das Erhabene erregt auch Bewunderung; so Handlungen, die dem Grade nach alles übertreffen, was uns bekannt ist. Wenn Kant weiterhin von dieser Bewunderung ausführt, sie sei ein Gefühl, welches Angenehmes und Unangenehmes in sich schliesst, so kommt dieser Gedanke den Einsichten seines ästhetischen Hauptwerkes schon nahe. Die Bewunderung kann sich bis zum Affekt steigern und heisst dann Erstaunen, wie uns dieses z. B. beim Anblick des gestirnten Himmels erfasst. Offenbar steht Kant also hinsichtlich der Lehre vom Erhabenen noch auf derselben Stufe seiner Erkenntnis, wie in den »Beobachtungen«, während die Bestimmungen über das Schöne schon einen beträchtlichen Fortschritt in der Entwicklung seiner Aesthetik bekundeten.

---

[1]) Vgl. p. A. (Ausgabe von 1820) S. 46.

Die Urteilskraft.

Wie in seiner K. d. U. teilt Kant bereits hier die geistigen Kräfte des Menschen in das Erkenntnisvermögen, das Gefühl der Lust und Unlust und das Begehrungsvermögen ein. Genau wie dort zählt er zur oberen Erkenntnisfähigkeit den Verstand, die Urteilskraft und die Vernunft (pg. 209). Urteilskraft ist das Vermögen der subsumptio unter die vom Verstande aufgestellte Regel. Bei jedem gegebenen Fall entscheidet die Urteilskraft, ob er unter die Regel gehört oder nicht[1]). Der Urteilskraft steht der Witz gegenüber. Kant unterscheidet nämlich 2 Vermögen unserer Seele, wodurch wir Vergleichungen anstellen (pg. 122). Das eine: der Witz sucht die Aehnlichkeit, die Uebereinstimmung in den Dingen auf, das andere: die Urteilskraft geht auf ihre Verschiedenheit. Erweitert jener unsere Erkenntnisse, so schränkt dieser unsere Begriffe ein und zeigt, „dass ein Begriff nicht auf so viele Dinge geht, als man glaubt" (pg. 122 ff). Der erstere ist produktiv, die letztere berichtigend. Die Unterscheidung der Arten, welche unter eine Gattung fallen, ist Aufgabe der Urteilskraft[2]). Den Gattungsbegriff selbst schafft der Witz, der überhaupt alles auf Geschlechter zurückführt, während die Arten durch die Urteilskraft vermehrt werden. Die Wirkung des einen ist hauptsächlich positiv, die der andern grösstenteils negativ zu nennen. Irrtümern zu wehren liegt der Urteilskraft ob; ihr Geschäft ist unterscheiden. Deshalb wird sie von Kant auch als „kritisches Vermögen" bezeichnet. Der Witz hingegen giebt als positive Erkenntniskraft brauchbare Regeln. Er passt zur Jugend, die Urteilskraft aber zum Alter, denn sie kann nur durch Uebung und Er-

---
[1]) Vgl. p. A., S. 118.
[2]) Vgl. p. A., S. 152.

fahrung erworben werden. Mit Einsichten beschenkt uns die Urteilskraft, durch Einfälle leuchtet der Witz (pg. 125).[1]) Während die Urteilskraft nur für den engen Kreis der Schule ist, steht dem Witz ein weites Gebiet offen: er ist populär und so zeigt er sich beispielsweise in den Sprichwörtern. Auch darf ihm die Originalität nicht fehlen.

Kant ist bemüht, durch diese Gegenüberstellung von Witz und Urteilskraft, die Verschiedenheit der beiden Vermögen möglichst hell zu beleuchten. Der kritische Charakter der Urteilskraft wird dabei nachdrücklich hervorgehoben, und sie erscheint auch bereits in ihrer Mittelstellung zwischen Verstand und Vernunft. In ihrem Verhältnis zum Schönen lernen wir sie aber noch nicht kennen: ebensowenig ist ihre Zweiteilung irgendwo angedeutet. Indem Kant sie jedoch zu unsern unentbehrlichsten und notwendigsten Talenten zählt, erkennt er ihre grosse Bedeutung und Wichtigkeit vollkommen an.

Die Einbildungskraft und das Genie.

Obgleich unser Geist nur aus dem Vorrate der ihm durch die Sinne bereits gegebenen Vorstellungen neue zu erschaffen vermag, sprechen wir doch von produktiver und reproduktiver Einbildungskraft (pg. 106 ff.). Die erstere ist wesentlich umbildender, kombinierender Natur; etwas ganz Neues bringt sie schlechterdings nicht hervor, während die letztere aus dem Gedächtnis in Nachahmungen sich bethätigt. Auch diese Sätze vertreten durchaus den empirischen Standpunkt. Die produktive Einbildungskraft will Kant nun wieder geschieden wissen in die willkürliche und unwillkürliche Imagination (pg. 108). Der zweiten legt er den Namen Phantasie bei.[1]) In der willkürlichen Imagination spielen wir mit den Bildern unserer

[1]) Vgl. p. A., S. 153.
[2]) Vgl. p. A., S. 68.

Einbildungskraft; bei der Phantasie spielt umgekehrt die unwillkürliche Einbildungskraft mit uns. Der Verstand muss in die Vorstellungen der Phantasie Ordnung und Zusammenhang bringen; er thut dies durch das Gesetz der Vergesellschaftung oder Association. Wofern die Einbildungskraft nicht zügellos werden soll, muss die Ausbildung des Verstandes mit derjenigen der Sinnlichkeit Hand in Hand gehen. Eine zügellose Phantasie hat stets schrankenlose Uebertreibung zur Folge; die regellose vollends ist Hohn auf allen Verstand. Immer aber muss eine reiche Phantasie Naturgabe jedes Künstlers sein. Die schöpferische Einbildungskraft kann auch „Dichtungsvermögen" genannt werden und ist als solches die Quelle aller schönen Künste.

Im Anschluss an diese Erörterungen über die Einbildungsfähigkeit behandelt Kant den Geniebegriff. Er lehnt sich dabei an die Ausführungen des Engländers Gerard an und erklärt Genie für „ursprüngliche Originalität des Talentes" (pg. 233). Nachahmungsgeist und Genie sind darum die grössten Gegensätze. Als erste Eigenschaft verlangt man vom Genie produktive Einbildungskraft.[1]) Diese bringt allerhand Ideen hervor, die nachher vom Verstande gesichtet werden. Genie ist Naturgabe und kann nicht durch Fleiss erworben werden[2]); es ist Meister und nicht Sklave der Regeln. So bietet Shakespeare in seinen Dramen zuweilen allen Vorschriften Trotz (pg. 234). er hält sich weder an die Einheit des Ortes noch der Handlung, aber nur weil seine Einbildungskraft einen weiten Spielraum erheischt, nicht aus Unkenntnis der Kunstgesetze. Für diese Willkür entschädigt dann die Fruchtbarkeit des Genies. Mechanismus der Erziehung verträgt sich gleichfalls nicht mit Genialität. Ueberhaupt muss ein Genie in sich Empfindung,

---

[1]) Vgl. p. A., S. 158.
[2]) Vgl. p. A., S. 307. Anm.

Urteilskraft, Geist und Geschmack vereinigen (pg. 237). Unter Empfindung ist dabei die ganze Sinnlichkeit und die Einbildungskraft verstanden. Stärke, Klarheit, Mannigfaltigkeit und ein grosser Umfang der Anschauung, wie ihn beispielsweise Milton und Shakespeare besassen, kennzeichnen das Genie. Der Urteilskraft bedarf es ausserdem, um die Werke seiner Imagination der Wahrheit anzupassen, denn das Einbildungsvermögen richtet sich nicht immer nach der Natur. Der Geist ist das Belebende und zugleich Unerforschlichste im Genieprodukt: er bewegt alle unsere Gemütskräfte, versetzt die Einbildungskraft ins Spiel und giebt dem Verstande zu denken. Der Geschmack endlich dient dem Genie dazu, seine Schöpfung mit dem sensus communis, mit der allgemeinen Empfindung in Einklang zu bringen. Geist als das schöpferische und Urteilskraft als das kritische Vermögen sind die notwendigsten Eigenschaften des Genies; erst in zweiter Reihe kommen Empfindung und Geschmack, da sich nicht selten mit genialer Begabung Geschmacklosigkeit verbindet. Den Geniebegriff schränkt Kant auf die Künstler ein[1]: „Einen guten Mathematiker nennt man nicht Genie, hingegen sucht man bei dem Dichter Genie; bisweilen sehen wir Genie bei der Erfindung einer mechanischen Kunst, wo die Natur alles allein gethan hat" (pg. 240). Doch spricht Kant an andern Stellen auch bei Aristoteles, Sokrates und Leibniz von Genialität, so dass wir in diesem Punkte die Sicherheit seiner Ansichten vermissen. Eine „cyclopische Gelehrsamkeit" lässt sich nach Kants Meinung mit dem Genie stets nur zum Nachteil desselben verbinden. So sei Leibniz „eines der vorzüglichsten Genies" gewesen, habe sich aber durch seine Talente verleiten lassen, alles wissen zu wollen und deshalb in keiner Wissenschaft mehr als alle andern geleistet (pg. 245). Dieses un-

---

[1] Vgl. p. A. 158 ff.

gerechte und befremdende Urteil vermag natürlich für die obige Behauptung nichts zu beweisen.[1])

In der Zahl dieser Bemerkungen über Einbildungskraft und Genie fallen einige Aehnlichkeiten mit den späteren reifen Ansichten Kants sofort auf. Mehrmals wurde auf die gegenseitige Einwirkung von Einbildungskraft und Verstand, welche in der K. d. U. eine so hervorragende Rolle spielt, hingewiesen. Bei den Eigenschaften, die das Genie ausmachen, entdecken wir ferner eine auffällige Uebereinstimmung mit den entsprechenden Ausführungen des ästhetischen Hauptwerkes[2]) und sodann wird schon hier der Geniebegriff, wenn auch nur im Prinzip, auf die Künstler eingeschränkt.

Noch augenscheinlicher wird die Annäherung an die K. d. U. in den sehr ausführlichen Reflexionen über die Kunst, denen wir uns nunmehr zuwenden.

Die Kunst.

Auch aus diesen Vorlesungen geht hervor, dass Kants Kunstkenntnis keine ausgedehnte oder umfangreiche gewesen ist. Seinem Interesse am nächsten steht noch die Poesie und hierin ähnelt seine Aesthetik derjenigen Baumgartens, in welcher sich die Erörterungen gleichfalls grösstenteils an Werke der Dichtkunst knüpfen.

Von den deutschen Dichtern und Schriftstellern, an denen Kant sein ästhetisches Urteil gebildet hat, sei hier nur Lessing erwähnt, von dessen Werken Kant behauptet, dass sie im Einzelnen unterhielten, aber durch das Ganze unbefriedigt liessen (pg. 38). Alle seine Schauspiele litten an diesem

---

[1]) Merkwürdigerweise will Kant beim Genie gewöhnlich ein Missverhältniss der Glieder gefunden haben. So seien Aristoteles, Sokrates und Pope bucklig gewesen. Ueberhaupt „sind alle Genies von kleiner Statur" (pg. 236).

[2]) Vgl. K. d. U. § 50.

Fehler, während die menschliche Natur doch eine Einheit des Ganzen haben wolle. Trotz dieses abfälligen Ausspruchs ist der Einfluss des »Laokoon« und der »Dramaturgie« auf Kant unverkennbar. — In die französische Litteratur hatte er gleichfalls frühzeitig Einblick gewonnen; besonders lieb war ihm stets Rousseau[1]). Am meisten zeigt er sich jedoch in der englischen Dichtung belesen und aus ihr hatte er auch seinen Lieblingsdichter (Pope) gewählt. Auf dieses litterarische Wissen und eine geringe Bekanntschaft mit den bildenden Künsten gestützt, giebt Kant eine Kunstlehre, die allerdings innerhalb dieses Werkes vielfach mit anthropologischen Beobachtungen verwoben ist.

Der Gebrauch des Kontrastes ist in der Kunst Norm. Es beruht dieses Gesetz auf unserer Naturanlage, wonach jedes beständig andauernde Vergnügen nicht mehr als Lust empfunden wird, sondern gerade der Wechsel von Freude und Leid zur Vertiefung unserer Gefühle beiträgt. Die Darstellung des Hässlichen, bemerkt Kant ferner, kann in der Kunst immer noch vergnügen, weil uns die Nachahmung stets nur den Schein zeigt.[2]) Ganz in den Ideengang der K. d. U. versetzen uns die Bemerkungen über das Verhältnis von Natur und Kunst (pg. 285 und 287). Für die Beurteilung aller Kunstwerke giebt die Natur den Massstab ab. Natur ist schön, wenn sie wie Kunst aussieht, Kunst aber, die wie Natur erscheint und doch als Kunst erkannt wird, gefällt noch mehr; z. B. englische Gärten oder eine Beredsamkeit, welche ganz natürlich dahinfliesst. Darum ist dasjenige für die Augen aller Welt schön,

---

[1]) Vgl. Herder: Briefe zur Beförderung der Humanität. 6. Sammlung. Riga 1795.

[2]) Ein Blick auf die Hille Bobbe des Franz Hals wird die Wahrheit dieser Behauptung zur Genüge darthun.

was der Natur ähnlich ist.[1] — Sehr eingehend behandelt Kant die redenden Künste. Vorstellungen willkürlich hervorrufen und so verbinden, dass sie originell und angenehm erscheinen, heisst dichten. Je origineller die Vorstellungen, je mannigfaltiger und harmonischer sie verknüpft sind, desto grösser ist der ästhetische Wert eines Gedichtes, das als Kunstwerk ein gewisses harmonisches Spiel unserer Imagination zum alleinigen Zwecke hat. Unser Gemüt wird sich dabei aller seiner Kräfte bewusst[2]). Das Wesentlichste beim Dichten ist die Zusammensetzung der Ideen. Dem Spiel der Einbildungskraft, das die Dichtkunst zur Absicht hat, muss der Verstand Einheit geben. Die Poesie veranschaulicht demnach Einheit in den Bildern der Einbildungskraft; die Beredsamkeit macht hingegen die Belebung der Verstandesbegriffe durch die Sinnlichkeit zum Hauptzweck und eben dadurch will sie überzeugen (pg 150). Die Dichtkunst belebt zwar auch die Ideen des Verstandes, aber das Spiel der Sinnlichkeit bleibt doch ihr höchstes Ziel. Augenscheinlich liegen hierin die hauptsächlichen Erkenntnisse der K. d U. über diesen Gegenstand bereits ausgesprochen.[3])

In den nachfolgenden Aeusserungen wiegt, gemäss der eigentlichen Bestimmung dieser Vorlesungen, der anthropologische Charakter vor. Die Poesie hält Kant für die Ursprache des Menschengeschlechts (pg. 150); erst viel später bürgerte sich die Prosa ein. Die Beredsamkeit blüht meist zu Zeiten des Verfalls in den Staaten; das zeigen Cicero und Demosthenes. Kant beurteilt die Redekunst nach moralischen Gesichtspunkten; in seinen Augen ist sie nur eine Gabe, die Menge durch ihren

---
[1] Vgl. K. d. U. § 45 S. 168.
[2] Man erinnere sich an die ähnliche Schilderung des »ästhetischen Zustandes« bei Schiller (Ueber die ästhetische Erziehung des Menschengeschlechts, Brief 22).
[3] Vgl. K. d. U. § 51.

eigenen Verstand zu betrügen und das Feuer der Leidenschaften zu nähren. Für die Würde der Religion schicke sie sich nicht und darum will er sie von der Kanzel ganz verbannt wissen (pg. 151). Die Poesie steht schon deshalb über der Beredsamkeit, weil sie unsere Einbildungskraft mehr belebt. Den im »Laokoon« entwickelten Grundsätzen zustimmend tadelt Kant sodann das Bestreben der Dichter, die Objekte getreu nachzumalen. Derartige Schilderungen müssen immer weit hinter der Natur zurückbleiben. Dies beweisen die unpoetischen Beschreibungen in Broke's »Irdischem Vergnügen in Gott« und Haller's Alpen. Keine Blume kann durch die Sprache so dargestellt werden, dass wir uns ein zutreffendes Bild von ihr machen können. Darum soll die Poesie vielmehr grosse Ideen verkörpern, wie es z. B. Milton in seinem verlorenen Paradiese gethan hat. Aus dem gleichen Grunde ist es auch ein würdiger Gegenstand und eine vorzügliche Aufgabe für die Dichtkunst, tiefe Wahrheiten in Sentenzen zu kleiden. Poesie ist, wie Kant glaubt, nur möglich durch Silbenmass[1], denn dadurch unterscheidet sie sich von der Prosa und darin ähnelt sie der Musik. Für den Mangel an einer bestimmten Prosodie halten wir uns durch den Reim schadlos. Der Reim ist dann am besten, wenn er ungezwungen und völlig sinngemäss erscheint (pg. 160). Die poetische Licenz liegt in der Beschränkung des Dichters durch Silbenmass und Reim begründet (pg. 161).[2] Da alle Dichter in hohem Grade Stimmungsmenschen sind, hängt ihre Leistungsfähigkeit von glücklichen Eingebungen des Augenblicks ab.[3] Wer wirklich Eindruck machen will, darf jedoch nicht im Affekt dichten.

[1] Vgl. p. A. S. 196.
[2] Vgl. p. A. S. 197.
[3] Konnte doch auch Schiller, dies aus eigenster Erfahrung bestätigend, vom Sänger sagen: »Er gehorcht der gebietenden Stunde«.

An die Stelle des Affekts muss die Lebhaftigkeit der Vorstellungen treten. So soll ein elegischer Dichter über seiner Trauer stehen. Demselben Gedanken hat späterhin Schiller in seiner Rezension über Bürger's Gedichte überzeugenden Ausdruck geliehen.

An die K. d. U [1]) gemahnt die rein sensualistische Wirkung, welche dem Lustspiel zugeschrieben wird. Indem dasselbe Lachen erregt, setzt es die Lebenskräfte in Thätigkeit und »befördert die Verdauung«. Nicht unerwähnt mag schliesslich bleiben, dass Kant von jedem Kunstwerk der Sprache einen guten Schluss verlangt, weil die letzte Empfindung immer die stärkste sein müsse, um das »Vergnügen des Nachgeschmackes« zu ermöglichen (pg 84 f.).[2])

Die Musik definiert Kant als ein harmonisches Spiel von Empfindungen. Kein Sinn teilt die Zeit so fein und scharf ein, als das Gehör (pg. 64). Das zeigt besonders die ausserordentliche Sicherheit, mit der die einzelnen musikalischen Takte und ihre Teile unterschieden werden. „Unser Vergnügen an der Musik kommt jederzeit aus der Mannigfaltigkeit der Zeiteinteilung her" (pg 65). Die Erklärung des Wohlgefallens an der Tonkunst als im letzten Grunde beruhend auf mathematischen Verhältnissen, wie sie in der K. d. U. ausgesprochen ist, liegt also hier bereits vor. Auch die sensualistische Wirkung der Musik wird schon entschieden betont (pg. 66 ff.). Alle unsere Gemütskräfte werden durch diese Kunst harmonisch angeregt und ein Gefühl der Beförderung unseres Lebens erweckt. Obgleich wir dieses Gefühl für ein rein geistiges halten, ist es unmittelbar doch körperlich. Die Belebung des Nervensystems durch die Töne nämlich hat ein Wohlbefinden des Organismus zur Folge und dieses teilt sich dann

---
[1]) § 54 S. 203.
[2]) p. A. S. 198.

dem Gemüt mit. Kant geht sogar soweit, die örtliche Affektion durch die Tonkunst zu bestimmen, denn er behauptet: die Musik habe einen unmittelbaren ..Einfluss auf den Darmkanal und das Zwerchfell" (pg. 67). Auch diese zweite Herleitung der Lust am musikalisch Schönen kehrt in dem ästhetischen Hauptwerk Kants wieder.[1]) Das Gesetz des Kontrastes findet in der Musik die häufigste Anwendung (pg 96): hier dienen die Dissonanzen zur Verstärkung der Empfindungen von den Harmonien. Wenn die Musik auch nur auf das Gefühl geht und darum nicht die Macht hat, Ideen zu erwecken, vermag sie dennoch die verschiedenen Affekte deutlich wiederzugeben. Auf die Erregung des Vitalsinns durch die Töne will Kant auch den allgemeinen menschlichen Trieb zur Musik zurückführen (pg. 167). Den Gesang betrachtet er neben der Dichtkunst für das älteste Mittel des Gedankenaustausches. Die daran geknüpfte Bemerkung, dass Musik nur dann gefalle, wenn sie singbar ist, zeigt am besten, wie wenig Kant in das Wesen dieser tiefinnerlichen Kunst eingedrungen war.

Von den bildenden Künsten finden nur Malerei und Skulptur Berücksichtigung. Der Baukunst gedenkt Kant nicht. Malerei und Plastik stellen die Objekte so dar, wie sie den Sinnen erscheinen. Wenn auch die Illusion in der Malerei die möglichst grösste ist, so hat doch die Bildhauerkunst darum den Vorzug vor ihr, „weil sie schöner ist und eine weit auffallendere Aehnlichkeit des Scheins mit der körperlichen Gestalt sie auszeichnet" (pg. 170). Da das Gebiet der Darstellungsfähigkeit in der Plastik jedoch kleiner ist, als unser Gesichtsfeld, steht sie in diesem einen Punkt der Malerei nach. Die Wachsbildnerkunst und das Bemalen der Statuen verwirft Kant mit Recht (pg. 171).[1]) Viel zu allgemein gefasst aber ist seine

---

[1]) K. d. U., S. 199 ff.
[2]) Vgl. p. A., S. 40.

Behauptung, dass in der bildenden Kunst gerade diejenigen Gestalten recht schön seien, deren Verhältnisse über das menschliche Mass hinausgehen, und dass sie gerade deshalb gefielen (pg. 171). Das Beispiel vom vatikanischen Apollo, bei dem Kant eine Disproportion zwischen dem Ober- und Unterkörper bemerkt, ist nicht glücklich gewählt. Eine so auffällige Verschiedenheit kann ich an der berühmten Statue nicht entdecken. Jedenfalls ist die obige Ansicht in ihrer Weite und Dehnbarkeit ebensowenig zutreffend, wie eine andere über Rafaels gemaltes Menschenideal. Dasselbe soll seinen Ausdruck doch nur in den Gesichtszügen, nicht aber in der Form des ganzen Leibes gefunden haben, so vermutet Kant, weil unsere sehr veränderliche Einbildungskraft unmöglich das Urbild des Schönen enthalten und die Natur übertreffen könne (pg. 29). Wie sehr dieses Urteil den Mangel der Kunstanschauung erkennen lässt, bedarf keiner weiteren Auseinandersetzung. Correggio wird ebenfalls erwähnt, leider jedoch keines seiner Werke angeführt[1]) (pg. 172). Dem Schaffen Leonardos hat nach Kants Meinung die geniale Allseitigkeit derart Abbruch gethan, dass ihm kein bedeutendes Werk geglückt ist. Ein andres Mal ist von dem Geist in Werken der Malerei die Rede und Kant fügt im Eingeständnis seiner eigenen Urteilsunfähigkeit hinzu: „von dem Holländer sagt man, er male ohne Geist" (pg. 238). Auch trifft es nur zum Teil zu, wenn Kant das malerische Genie einzig und allein an der Komposition zu erkennen glaubt: in der Farbengebung, im Kolorit wird es sich ebensowohl anzeigen.

So dürftig und unbedeutend diese Aeusserungen über die bildenden Künste auch erscheinen mögen, immerhin sind sie das Ausführlichste, was Kant darüber jemals mitgeteilt hat und

---

[1]) In der p. A. S. 40 wird die „Schule der Peripatetiker" irrtümlich für ein Werk Correggios gehalten.

dieser Umstand mag mein längeres Verweilen bei ihnen entschuldigen. Vereinzelte Hinweise auf antike Skulpturen finden sich hier und da; es sind Spuren einer Lektüre der Kunstgeschichte Winckelmanns. Sehr selten nimmt Kant auf Erscheinungen der neueren Kunst Bezug; wo dies geschieht, sind seine Ansichten in der Regel ganz subjektiv und seltsam. In der „Menschenkunde" würdigt er auch noch die Tanz- und Darstellungskunst seiner Betrachtung. Den Tanz nennt er treffend, das Spiel der Gestalten. Unter Gestalten begreift er dabei die Mienen, Gestikulationen, Stellungen des Körpers und den Gang. Steht dies alles unter gewissen Regeln, so versetzt es die Einbildungskraft in einen Zustand harmonischer Thätigkeit. Der Tanz ruft das Spiel der Empfindungen wach, während Poesie und Beredsamkeit das Spiel der Ideen erwecken. Schliesslich gibt Kant noch für die Schauspielkunst eine beachtenswerte Vorschrift: „Rühren ohne selbst gerührt zu sein ist der Zustand eines Menschen, der eine Rolle spielt." Ein Schauspieler darf sich bei der Darstellung nicht vom Affekt beherrschen lassen, sondern muss nur so erscheinen. Wirklicher Affekt würde das Gemüt aus der Fassung bringen, auch könnte die menschliche Natur gar nicht so viele Angriffe auf das Herz vertragen. Dann gerade reisst der Darsteller uns am meisten hin, wenn er das ganze Wesen eines affektvollen Menschen nachahmt und doch selbst frei von jeder Rührung ist, denn in diesem Fall hat er seine Gebärden ganz in seiner Gewalt und kann sie mit planvoller Berechnung für seinen Zweck gebrauchen. Gleich wie beim Dichter, muss auch beim Schauspieler die Lebendigkeit der Einbildungskraft den Affekt ersetzen.

Ueberhaupt ist das Spiel der Kunst eine blosse Erregung der Affekte ohne thatsächliches Interesse, ohne ernstgemeinten Anteil an der Sache. In einem Lustspiel z. B. versetzen wir uns freiwillig in die Gedanken des Dichters hinein und nehmen nur in der Einbildung an der Handlung teil (pg. 329). Die harmonische Belebung unserer Gemütskräfte ist das Ziel aller schönen Künste. Nur ein flacher oder gemeiner Sinn wird ihren hohen Wert für die Menschheit zu bestreiten wagen, Nicht die Langeweile zu vertreiben, sondern zur Ausbildung der menschlichen Seele sind sie da. Indem sie sich an Verstand und Gemüt in gleicher Weise wenden, verfeinern und veredeln sie unsere Natur. „Das Vergnügen, das wir an einem Gedichte haben, verdrängt je mehr und mehr in uns den nachteiligen Hang, den wir an Befriedigung sinnlicher Begierden finden." (pg. 288.) Diese Hochschätzung der Kunst steigert sich noch, da Kant in diesen Vorlesungen aus vollster Ueberzeugung für die pessimistische Weltanschauung des Grafen Veri eintritt (pag. 250 ff.); sie lautet in Kürze: Nichts auf Erden ist dauernd als der Schmerz. Was wir als Vergnügen oder Lust empfinden, ist im letzten Grunde nur eine kurze Aufhebung, ein augenblickliches Vergessen des ewig währenden Schmerzes. Die Nacht dieser Lebensansicht wird nur durch die Kunst gelichtet. Wäre das Leid des Daseins nicht, so würde, versichert Kant, kein Mensch die schönen Künste achten. Da ausserdem die Freude am Schönen niemals zu Ueberdruss oder gar Ekel führt, wie so oft das Vergnügen an materiellen Genüssen, kann unser geängstigtes Herz jederzeit in der Kunst Trost suchen und finden. —

Ohne des einzelnen noch einmal auf die Fülle von Uebereinstimmungen eingehen zu wollen, die sich zwischen den Vorlesungen über Anthropologie und der K. d. U. besonders in den Aeusserungen über Genie und Kunst, über das Schöne, Angenehme und Gute unserer Betrachtung dargeboten haben, fassen wir das Ergebnis der Kritik über den ästhetischen Inhalt der „Menschenkunde" dahin zusammen: Kant bekundet schon hier neben grosser Abhängigkeit von seiner zeitgenössischen empirischen und rationalistischen Aesthetik, doch in manchen Einzelheiten eine Reihe jener selbständigen, bahnbrechenden Ansichten, die erst viele Jahre nachher als Glieder eines geschlossenen Systems wiederkehren. Infolgedessen ist seine Haltung auch schwankend und keineswegs eine feste. Besonders sei noch darauf hingewiesen, dass in diesem Werk auch nicht der leiseste Anklang an den späterhin so stark ausgeprägten Subjektivismus zu vernehmen ist.

Am Ende der vorkritischen Zeit stehend, wie die „Menschenkunde", und ihr auch inhaltlich in mancherlei Beziehungen verwandt, so in der Lehre vom Gemeinsinn und der Kunst, in der Gegenüberstellung von Witz und Urteilskraft, endlich in der Betonung des empirischen Charakters der Geschmackslehre, schliessen sich „Kants Vorlesungen über die Metaphysik" eng an jene über Anthropologie an. Doch zeigt schon die mehr in spekulativen Erörterungen als antropologischen Exkursen sich gefallende Behandlungsweise des Gegenstandes, dass wir hiermit eine höhere Entwickelungsstufe der kantischen Aesthetik betreten. Der Herausgeber Pölitz hat sich ausser unwesentlichen Berichtigungen der Interpunktion und dem Ausscheiden einiger überflüssiger, in der Lebhaftigkeit des mündlichen Vortrages eingeflossener Wörtchen, keine eigenmächtige Veränderung des ihm vorliegenden Textes zu Schulden kommen lassen. Im ganzen stehen diese Vorlesungen der Kritik der reinen Vernunft bereits näher, als die Dissertation von 1770. Die Ontologie, die rationale Psychologie und Theologie berühren unser Gebiet nur ausnahmsweise und selten; in der Kosmologie findet sich keine auf Aesthetik bezügliche Bemerkung. Aber die empirische Psychologie gewährt einen tiefen Einblick in den damaligen Stand der ästhetischen Anschauungen Kants und erweist sich in vielen Stücken, besonders in der Lehre vom Schönen, Angenehmen und Guten, als direkte Grundlage und Vorbereitung für die K. d. U.

Bildnerische Vermögen.

Die bildende Kraft (facultas fingendi) ist ein Vermögen der Anschauung, Erkenntnisse aus uns selbst zu machen (pg. 149). Sie bringt Vorstellungen der Gegenwart, Vergangenheit und Zukunft hervor. Demnach besteht sie aus dem Vermögen der Abbildung (facultas formandi), der Nachbildung (facultas imaginandi) und der Vorbildung (facultas praevidendi). Kant erklärt dies ausführlicher. Die Fähigkeit der Abbildung besteht darin, dass unser Gemüt ein Mannigfaltiges durchläuft und es einheitlich zusammenfasst; die Fähigkeit der Nachbildung erweckt frühere Vorstellungen und ist also nicht mit der Einbildungskraft zu verwechseln, denn diese schafft etwas Neues. Die Fähigkeit der Vorbildung endlich geht auf die Zukunft. Diesen drei Arten der bildenden Kraft stellt Kant noch zwei andere zur Seite. Er bezeichnet sie als Vermögen der Einbildung und der Gegenbildung (pg. 152). Unter das letztere fallen die Symbole; ersteres bildet Vorstellungen, die nicht aus der Erfahrung, sondern aus uns selbst, unabhängig von der Wirklichkeit der Gegenstände, hergenommen werden und heisst auch Phantasie. Man sieht, dass Kant hier den Begriff der Phantasie anders und richtiger fasst, als in der „Menschenkunde". Nun geschehen alle Handlungen des bildnerischen Vermögens teils willkürlich, teils unwillkürlich (pg. 153). Die unwillkürlichen gehören ganz der Sinnlichkeit an, die willkürlichen aber zur oberen Erkenntnis. Die willkürliche Einbildungskraft oder das „Dichtkunstvermögen" ist diejenige Fähigkeit, welche allem künstlerischen Schaffen mit Notwendigkeit zu Grunde liegen muss. — Es ist wohl klar, dass alle diese Bestimmungen zuletzt auf den in der „Menschenkunde" festgestellten Unterschied zwischen produktiver und reproduktiver Einbildungskraft zurückgehen. Nie wieder hat

Kant die bildende Kraft mit solcher Genauigkeit in ihre einzelnen Elemente zerlegt. Noch näher stehen die Vorlesungen über Metaphysik jenen über Anthropologie in den Erörterungen über die Urteilskraft. In andere Form gekleidet wiederholt sich hier manches Bekannte. Die Urteilskraft ist ein Unterscheidungsvermögen (pg. 162), sie kann nicht erlernt, sondern nur geübt werden. Auch der grösste Verstand vermag sie nicht zu ersetzen (pg. 161). Wer sich ihrer so bedient, dass die Richtigkeit seines Urteils an der Erfahrung nachgewiesen werden kann, verfügt über eine „gesunde" Urteilskraft; wo hingegen die Ursache des richtigen Gebrauches in allgemeinen Gründen liegt, spricht man von „spekulativer" Urteilsfähigkeit. (pg. 163 ff.). In diesem Zusammenhange wird auch der Witz eingeführt. Er ist das Vermögen, Vorstellungen zu vergleichen und erweitert eben dadurch unsere Erkenntnisse. Kant ist geneigt, ihn für einen oberen Intellekt anzusehen. Nach der gewöhnlichen Annahme setzt sich die obere Erkenntnisfähigkeit aus Verstand, Urteilskraft und Vernunft zusammen (pg. 160) und besteht also aus einem allgemeinen Urteil, aus der Subsumption unter dieses Urteil und aus dem Schlusse. Das Vermögen der Subsumption unter die allgemeine Verstandesregel ist die Urteilskraft. Man bedarf derselben, um zu wissen, ob ein gegebener Fall unter das Gesetz des Verstandes gehört. Weiterhin bestimmt sie Kant auch als das Vermögen, aus dem Besonderen auf das Allgemeine zu schliessen (pg. 161). Die Zweiteilung der Urteilskraft, wie sie uns die K. d. U. (pg. 16) vor Augen führt, ist also hier schon erkannt.

Der Geschmack.

Da die Privatempfindung aller Menschen, wie Kant meint, die gleiche ist, erhalten wir durch diese Uebereinstimmung

eine allgemeine Norm. Das ist der Gemeinsinn oder der
Geschmack (pg. 175). Die Identitätserklärung der Begriffe
Gemeinsinn und Geschmack deutet bereits auf das ästhetische
Hauptwerk hin.[1]) Das Gefühl gilt nur für den einzelnen, der
Geschmack aber verpflichtet alle. Er dient zur Beurteilung
des Schönen und Hässlichen (pg. 174). Was mit ihm übereinstimmt, ist schön (pg. 175). An die ähnlichen Ausführungen
der „Menschenkunde" erinnert es, wenn Kant den Geschmack
für eine Folge der menschlichen Gemeinschaft und des Um-
gangs erklärt. In völliger Einsamkeit könne es keinen Geschmack geben, denn nur in der Gesellschaft wähle der Mensch
mit Geschmack, nur im Zusammensein mit andern unterscheide
er das Schöne und Hässliche. Wirklich Geschmack besitzt
nur derjenige, dem etwas in Hinsicht auf den Gemeinsinn
gefällt. Wer nicht darnach urteilt, der hat überhaupt keinen
Geschmack. Mithin ist Geschmack „ein Vermögen der Beurteilung durch Wohlgefallen oder Missfallen nach dem ge-
meinschaftlichen und allgemeingültigen Sinne" (pg. 172). Weil
die Ursache der Lust beim Geschmacksurteil in der allgemeinen
Uebereinstimmung unserer Sinnlichkeit von Kant gefunden
wird, ist ein Objekt dann schön, wenn es jedermann gefällt.
Ganz unverhüllt zeigt sich der Empirismus im folgenden. Jede
allgemeine Einstimmigkeit in einem Urteil kann für eine
Geschmacksregel gelten Es giebt keine Gesetze des Geschmackes a priori (pg. 176). Deshalb ist es verkehrt, über
sie zu disputiren oder jemanden mit Vernunftgründen von
seiner Meinung abbringen zu wollen.[2]) Zwar könnte es
so scheinen, fügt Kant hinzu, als gäbe es gewisse Regeln für
die Beurteilung des Schönen a priori; aber diese lassen sich
doch wieder auf allgemeine Erfahrungssätze zurückführen

---

[1]) Vgl. K. d. U. § 40, S. 155.
[2]) Vgl. K. d. U. § 56, S. 206.

(p. 176). Von der Ordnung, dem Ebenmass, der Symmetrie und Harmonie scheinen wir a priori zu wissen, dass sie allen gefallen, allein zuletzt liegen hiefür Gesetze a posteriori zu Grunde. Kant schliesst mit der anthropologischen Bemerkung, dass die eigentlichen Sinne des Geschmacks Gesicht und Gehör sind. Der empirische Ursprung aller dieser Ausführungen tritt so klar zu Tage, dass es keiner weiteren Bemerkung bedarf, und wir an die Besprechung des wichtigsten Abschnittes in diesen Vorlesungen, welcher die Grundlegung des ästhetischen Subjektivismus enthält, unverzüglich herantreten können.

Das Gefühl der Lust und Unlust.

Als zweite Grundkraft unserer Seele sieht Kant das Vermögen an, die Dinge nach dem Gefühl der Lust und Unlust oder nach Wohlgefallen und Missfallen zu unterscheiden (p. 165). Dasselbe hat mit der Erkenntnis nichts zu schaffen, sondern bezeichnet nur das Verhältnis, in welches unser subjektives Empfinden als Gefühl entweder von der Förderung oder der Hemmung des Lebens zu den Objekten tritt. Das Gefühl der Vermehrung unserer Lebenskraft ist Lust, das der Verminderung Unlust. Je nachdem wir uns leidend oder thätig verhalten, spricht Kant von „unteren" und „oberen" geistigen Fähigkeiten. Das untere Vermögen der Lust und Unlust besteht darin, an Gegenständen, die uns afficieren, Wohlgefallen oder Missfallen zu finden. Dass wir auch unabhängig von den Objekten in uns selbst die nämlichen Empfindungen hervorrufen, ist Wirkung des oberen Vermögens derselben Art. Nun können die Eigenschaften des Schönen und Hässlichen, Angenehmen und Unangenehmen ohne Vorstellung an den Dingen gar nicht wahrgenommen werden und deshalb auch nicht zum Erkenntnisvermögen gehören; sie müssen also auf eine besondere seelische Potenz zurückgehen; eben diese ist das genannte Gefühl. So wird bereits hier aller Nachdruck auf das Subjekt gelegt. „Die Bestimmungen der Dinge, fährt Kant fort, in Ansehung derer wir Lust und Unlust bezeigen, sind nicht Bestimmungen, die bloss den Objekten zukommen, sondern die sich auf die Beschaffenheit des Subjekts beziehen." Damit ist der ästhetische Subjektivismus eingeleitet. Fortan äussert er sich mit immer grösserer Deutlichkeit. „Wenn ich vom Gegenstand rede, sofern er schön oder hässlich, angenehm oder unangenehm ist, so kenne ich den Gegenstand nicht an sich, wie er ist, sondern wie er mich afficiert" (pg. 166). Ganz klar wird der Grundgedanke der kritischen Aesthetik im folgenden ausgesprochen: „Alle Prädikate der Dinge, welche die Lust und Unlust ausdrücken, sind nicht Prädikate, die den Gegenständen an und für sich zukommen, oder Prädikate, die im Verhältnis zu unserer Erkenntniskraft stehen, sondern es sind Prädikate, des Vermögens in uns, von den Dingen afficiert zu werden" (pg. 167). Man hat dieses Vermögen — und hiermit wendet sich Kant polemisch gegen Baumgarten — für eine Erkenntnis der Vollkommenheit und Unvollkommenheit an den Objekten erklärt; allein Vollkommenheit ist kein ästhetisches Gefühl, sondern bedeutet „Vollständigkeit des Gegenstandes" (pg. 167). Zwar gefällt alle Vollständigkeit, aber die Erkenntnis derselben schliesst keine Lust ein. Nur wenn der Gegenstand selbst ein Lustobjekt ist, gefällt auch seine Vollkommenheit, aber auch dann ist dieselbe keine unumgängliche Bedingung des Wohlgefallens. Auf den Gegenstand kommt es bei der Lust und Unlust überhaupt gar nicht an, sondern darauf, wie er unser Gemüt afficiert, denn dieses Vermögen fasst die Dinge nicht nach ihrer Beschaffenheit auf, sondern nach dem Eindruck, den ihre Vorstellung auf uns macht (p. 168). An sich sind die Gegenstände weder schön noch hässlich;

sie werden es erst in Beziehung auf unser Gefühl. Aus der Menge der angeführten Sätze erhellt, welche Bedeutung mit dem Entstehen des kritischen Systems das Gefühlsvermögen und das subjektive Element für die Aesthetik gewinnen. An dieser Stelle wird auch die logische und die ästhetische Vollkommenheit erwähnt. Wir werden auf diese wichtige Unterscheidung noch späterhin zurückkommen. Vorderhand nimmt unsere Aufmerksamkeit namentlich die hier vorgenommene Trennung von subjektivem und objektivem Wohlgefallen in Anspruch. Bei dem ersteren stimmt die Veranlassung der Lust mit dem bestimmten Subjekt überein und wurzelt in den Sinnen, das heisst ein Objekt gefällt jemandem nach seiner besonderen Sinnlichkeit. Man nennt ein solches Wohlgefallen ein Vergnügen und den Gegenstand, der es hervorruft, a n g e n e h m (pg. 171.) Wenn ich etwas für angenehm erkläre, so drücke ich damit nur mein subjektives Wohlgefallen aus. Das Angenehme hat folglich kein Recht auf Allgemeingültigkeit. Das objektive Wohlgefallen hingegen besteht in einer von den Privatbedingungen des Subjekts ganz unabhängigen Lust am Gegenstande und nimmt auf das Urteil der Gesammtheit Bezug. Es ist zweifacher Art: entweder gefällt ein Objekt wegen seiner Uebereinstimmung mit dem allgemeinen Sinn; dann ist es schön, oder es gefällt, weil es sich mit der allgemeinen Erkenntniskraft im Einklang befindet; in diesem Falle heisst es gut (pg. 171). Demzufolge ist das Schöne nicht das Verhältnis unsers Erkennens zum Objekt, sondern zum Subjekt. Allerdings behauptet Kant noch, dass die Einmütigkeit der Urteile über das Schöne nur zufällig ist (pg. 173). Im Unterschiede vom Angenehmen, welches in der Empfindung gefällt, ist das Schöne Gegenstand der Anschauung oder der sinnlichen Urteilskraft. Das Gute erregt ein Gefühl der Lust nach Gesetzen des Verstandes und wird gebilligt. Beim Angenehmen ist es verlorene Mühe, andere durch einen Wortstreit für unsere Ansicht gewinnen zu wollen, weil darin jeder seine eigene Empfindung hat. „Mit dem Schönen ist es aber anders bewandt; da ist nicht schön, was einem gefällt, sondern was aller Beifall hat, ob es gleich auch durch den Sinn gefällt, aber durch einen allgemeinen Sinn" (pag. 174). Während das Angenehme nur den Privatsinn befriedigt, ist das Schöne Harmonie mit dem Gemeingefühl. Das Gute wird vom Verstande beurteilt und geht gar nicht auf die sinnliche Erscheinungsform des Gegenstandes; es muss mithin auch bei reinen Verstandeswesen, die frei sind vom Zwange der Sinnlichkeit, unbedingten Beifall finden, während das gleiche vom Schönen und Angenehmen nicht gilt. Die Lust an dem Schönen ist sinnlich und objektiv (vgl. oben); die am Guten intellektuell. Das Schöne gefällt jedermann, weil die Gesetze der Sinnlichkeit Allgemeingültigkeit besitzen; ebenso ist das Wohlgefallen am Guten notwendig allgemein, weil es sich auf Verstandesbegriffe gründet. — Zur Beurteilung des Schönen gehört Geschmack: das Angenehme setzt Empfindung voraus, die Erkenntnis des Guten erfordert Vernunft. —

Unschwer liessen sich den vorangegangenen Ausführungen zahlreiche Parallelstellen aus der K. d. U. an die Seite setzen, um die Harmonie der Ideen hier und dort recht augenscheinlich zu machen. Ich darf mich indessen mit dem Hinweis begnügen, dass die Betonung des Gefühls der Lust und Unlust, die Trennung des Schönen vom Angenehmen und Guten, die Herleitung des allgemeinen Wohlgefallens am Schönen aus der bei allen Menschen gleichen sinnlichen Naturanlage, u. a. m. in Kants ästhetischem Hauptwerk ebenso wiederkehrt und zum Teil mit denselben Worten ausgesprochen ist, wie in diesen Vorlesungen.[1]) Von besonderem Interesse ist es, zu beobachten,

---

[1]) Vgl. K. d. U. §§ 1, 3—7, 38, 40.

wie hier noch neben dem keimenden Kritizismus unüberwunden
die empirische Auffassung einhergeht.

Genie und Kunst.

Im Gegensatz zur „Menschenkunde" fliessen die Bemerkungen
über Genie und Kunst in der Ausgabe von Pölitz nur sehr
spärlich und bringen wenig Neues. — Genie heisst die Fähigkeit, Erkenntnisse zu finden, die gar nicht gelehrt werden
können. Auf die Art der künstlerischen Thätigkeit geht Kant
in der rationalen Theologie ein Unsere Erkenntnisse, führt er
dort aus, sind der Vollkommenheit nach niemals empirisch,
sondern eine Idee, die man gewissermassen als Urbild im Kopfe
trägt, d. h. ein Ideal, nach welchem wir alles beurteilen (pag. 309.)
So schwebt einem Maler immer die Idee seines Werkes vor dem
geistigen Auge und danach malt er, obgleich sie ihm ewig un-
erreichbar bleibt. Ueber die Aufgabe der Kunst und ihre
kulturellen Ziele hat Kant seine Meinung inzwischen nicht ge-
ändert. Er sieht die „artes ingenuae et liberales" für berufen
an, die Menschheit von den Begierden des Genusses zur reinen
Freude der Contemplation zu bringen und sie dadurch aus der
Knechtschaft der Sinne zu erlösen (pag. 188.) Im völligen
Einklang mit seiner obigen Aeusserung in der „Menschenkunde"
ist er hier der Meinung, dass ein für die Schönheiten der
Poesie offenes Herz „schon von der groben Sinnlichkeit befreit
ist." Selbst die Stellung des höchsten Wesens zur Welt wird
mit derjenigen des vollkommensten Künstlers zu seinem Werke
verglichen. In der Entlehnung dieses Bildes gewahrt man
den Einfluss der dogmatischen Aesthetik auf Kant. Das
künstlerische Moment im Schaffen Gottes zeigt sich darin,
dass er die Materie in Formen gestaltet hat. Ueber das
Verhältnis von Form und Stoff und die Bedeutung, welche
Kant der ersteren beilegte, belehrt uns eine Stelle in der On-

tologie (pg. 75 ff.); danach ist die Materie das universale oder genus, während die Form, d. i. die Art der Verbindung des Mannigfaltigen, differentia specifica heissen kann. Die Form macht das Wesen der Dinge aus, weil wir in keinem Stücke den Stoff, sondern stets nur die Form hervorbringen können, wie sich dies z. B. bei allen Künstlern bewahrheitet.

Die vielfachen Berührungspunkte, die sich zwischen den betrachteten Vorlesungen und der reifen Aesthetik Kants dem Auge des Beobachters aufdrängen, legen die Vermutung nahe, es könne die Zeit nicht mehr fern sein, in welcher Kant alle diese zerstreuten ästhetischen Anschauungen sammeln und zum Aufbau einer systematischen Aesthetik benutzen würde. Die völlige Sicherstellung und Ausbildung des kritischen Systems beschäftigte jedoch seine ganze Arbeitskraft noch jahrelang und liess ihn auch in dieser Zeit (1781—87) den ästhetischen Problemen nur vorühergehend nahetreten.

Auf der Entwicklungsstufe des Empirismus steht Kant noch in der interessanten Anmerkung, welche die Einleitung zur transcendentalen Aesthetik in der Kritik der reinen Vernunft begleitet. Die Deutschen, setzt er hier auseinander, seien die einzigen, welche das Wort Aesthetik gegenwärtig in dem Sinne von „Kritik des Geschmacks" gebrauchten. Es liege dabei aber Baumgartens verfehlte Hoffnung zu grunde, das Geschmacksurteil unter Vernunftprinzipien zu bringen und die Regeln desselben zur Wissenschaft zu erheben. Ein solches Bemühen sei vergeblich, denn gedachte Regeln der Kriterien könnten ihren vornehmsten Quellen nach blos empirisch sein und deshalb niemals zu bestimmten Gesetzen a priori dienen, wonach sich unser Geschmacksurteil richten müsste, vielmehr mache das letztere den eigentlichen Probierstein für die Richtigkeit der ersteren aus. Wird damit die Möglichkeit einer streng wissenschaftlichen Aesthetik geleugnet und dieselbe nur auf empirischer Grundlage als zu Recht bestehend anerkannt, so bezeugt doch schon der Brief Kants an Reinhold vom 18. Dezember 1787 die Entdeckung apriorischer Grundsätze auch für das ästhetische Gefühl. Nunmehr kann die Aesthetik den Wissenschaften eingereiht werden. Nach der Kritik der reinen Vernunft sind synthetische Urteile a priori das Kennzeichen jeder wahren Wissenschaft Jetzt erst tritt Kant völlig aus dem Empirismus heraus und erklärt die englische Aesthetik für haltlos, weil sie keine synthetischen Urteile a priori enthält; denn ihre Sätze sind zwar synthetisch, aber nicht a priori sondern a posteriori. Desgleichen weist er die rationalistische Lehre Baumgartens ab, weil ihre Prinzipien zwar a priori, aber nicht synthetisch, sondern analytisch sind. Auf den also gestürzten Systemen errichtet er seine Kritik der ästhetischen Urteilskraft. Von einer ins einzelne gehenden Darstellung ihres Inhaltes darf ich füglich absehen, denn einmal ist derselbe allgemein bekannt, und sodann findet sich vieles bereits Erörterte hier wieder. Ich werde mein Hauptaugenmerk auf die Beurteilung des Werkes richten.

Die Anfänge der K. d. U. fallen nach dem Zeugnis jenes kantischen Schreibens an Reinhold in den Ausgang der achtziger Jahre. Seiner Bestimmung zufolge sollte dieses Werk den Abschluss des kritischen Systems bilden und die so lange noch offen gelassene Lücke zwischen den beiden Schwesterkritiken ausfüllen. Wie dieser Plan allmählig zu stande kam, darüber giebt die oben erwähnte Abhandlung von Falkenheim den besten Aufschluss. Indessen kann die Mittelstellung, welche der Urteilskraft zwischen Verstand und Vernunft angewiesen ist, sowie ihre Verknüpfung mit dem Gefühl der Lust und Unlust, welches seinerseits wiederum als Bindeglied zwischen Erkenntnis- und Begehrungsvermögen erscheint, nur aus Kants Hang zum Schematisieren und seiner bekannten Vorliebe für die Dreiteilung erklärt werden. Darum bleibt diese eigenartige, für das ästhetische Gefühl a priori gesetzgebende Urteilskraft immer nur eine psychologische Voraussetzung. Urteilskraft ist überhaupt das Vermögen, ein Besonderes als enthalten unter dem Allgemeinen zu denken; je nachdem sie das Besondere unter das gegebene Allgemeine subsumiert, oder zu dem vorhandenen Besonderen das Allgemeine aufsucht, heisst sie bestimmend und reflektierend. Zur letzteren gehört die ästhetische Urteilskraft oder, wie Kant sie häufiger nennt, der „Geschmack"; Gegenstand desselben ist die Schönheit.

Kant bestimmt das Schöne aus seiner Wirkung auf das Subjekt, indem er das Geschmacksurteil nach den Kategorien der Qualität, Quantität, Relation und Modalität betrachtet. In der vorausgeschickten Erklärung, dass der Bestimmungsgrund des Geschmackes nur subjektiv und das Schöne kein Erkenntnisurteil ist, liegt der spezifische Charakter dieses ästhetischen Systems klar ausgesprochen. Das Schöne gefällt ohne Begriff und ohne alles Interesse in der blossen Betrachtung. Nicht so das Angenehme und das Gute; jenes vergnügt durch sinnliche Empfindung, dieses gefällt allein wegen seines Begriffs. Unser Wohlgefallen an beiden ist mithin kein interesseloses.

Auf die Uebereinstimmung zwischen dem von Kant hier zu Grunde gelegten Begriff des Aesthetischen, d. i. der Beziehung einer Vorstellung auf das Gefühl des Subjekts, und dem Begriff des Sensitiven in Baumgartens: „Meditationes de nonnullis ad poëma pertinentibus" hat H. v. Stein [1]) aufmerksam gemacht. Ebenderselbe ausgezeichnete Forscher weist darauf hin, dass die Ausschälung des uninteressierten Wohlgefallens als des Kernes aller ästhetischen Beurteilung nicht Kants, sondern der Engländer eigentümliches Verdienst ist. Durch die scharfe Trennung des Angenehmen und Guten vom Schönen ist zwar der Vermischung des letzteren mit Nützlichkeitszwecken, mit lehrhaften oder moralischen Tendenzen ein für allemal in der Theorie ein Ende gemacht [2]), man darf aber dabei nicht vergessen, dass Kant neben den realen, mit Recht zu verwerfenden Interessen die idealen übersah und so dem Schönen jedes Interesse überhaupt absprach.[3]) Auch Lotze[4]) hat erkannt, dass sich die Schönheit und das Angenehme nicht vollständig ausschliessen. Allerdings lässt Kant beim Schönen

---

[1]) Die Entstehung der neueren Aesthetik. Stuttgart 1886. pg. 342.
[2]) H. Baumgart: Altpreussische Monatsschrift XXIII pg. 265.
[3]) Ed. v. Hartmann: Geschichte der deutschen Aesthetik seit Kant. 1886. pg 3.
[4]) Geschichte der Aesthetik in Deutschland. München 1868. pg. 45.

sowohl ein empirisches (§ 41), als ein intellektuelles oder moralisches Interesse (§ 42) bestehen, aber im ersten Falle denkt er nur an die Kunst als Schöpferin angenehmer Lebensformen, im zweiten ausschliesslich an das Naturschöne; niemals jedoch dehnt er das Interesse auf das Schöne im allgemeinen aus. Ebenso ist Kant in der Isolierung des Guten nicht konsequent: er bestreitet die Berechtigung einer direkten Verbindung mit dem Schönen; aber indirekt lässt er sie wieder zu und bezeichnet ausdrücklich das Schöne als Symbol des Sittlichguten (§ 59).

Die Untersuchung des Geschmacksurteils nach seiner Quantität ergiebt, dass die Lust am Schönen allgemein ist, weil sie in Demjenigen seinen Grund hat, was man bei jedem Menschen antreffen kann. Da diese Allgemeinheit nicht aus Begriffen entspringt, ist sie nur subjektiver Art. Hinsichtlich der logischen Quantität sind alle Geschmacksurteile einzelne Urteile (vgl. auch § 37). Das Angenehme kann nur den Beifall des Einzelnen beanspruchen; das allgemeine Wohlgefallen am Guten beruht auf Begriffen. Das Schöne erfreut durch die Harmonie im freien Spiele von Einbildungskraft und Verstand (vgl. § 35). Indem wir dieselbe wahrnehmen und unsern Zustand mit Lust empfinden, geniessen wir das durch unser Urteil in uns erzeugte Phänomen der Schönheit, das zuvor gar nicht da war und das aufhört zu sein, sobald unsere Urteilsthätigkeit eingestellt wird. „Was liegt näher, fragt Baumgart[1]) mit Recht, als das Zugeständnis, dass um jene Harmonie der Erkenntnisvermögen überhaupt möglich zu machen, sicherlich um sie thatsächlich ins Spiel zu setzen, die Vorstellung eines angemessenen Objekts erforderlich ist, dessen Beschaffenheit also doch notwendig eine objektiv

---

[1]) a. a. O. pg. 264.

bestimmte und bestimmbare sein muss." Allein Kant zieht
diesen Schluss, den man beständig erwartet, nirgends; er hält an
seiner unerschütterlichen Ueberzeugung fest, dass die Schönheit
ausschliesslich im Subjekt zu suchen und deshalb ein objektives
Gesetz für die ästhetische Urteilskraft nicht zu geben ist. Wiederholt erklärt Kant, der Geschmack sei ästhetisch d. h. er gründe
sich nicht auf einen Begriff vom Objekt, sondern nur auf das Gefühl des Subjekts. Unbegreiflich ist es mir, wie Lotze trotz
der unzweideutigen Versicherung Kants, dass „Schönheit ohne
Beziehung auf das Gefühl des Subjekts für sich nichts ist"
(§ 9 pg. 60). noch behaupten konnte: „In Wahrheit ist für
Kant doch nicht die Harmonie der Seelenkräfte das Schöne
selbst; schön ist für ihn wie für den gewöhnlichen Sprach-
gebrauch der Gegenstand, dessen Einwirkung auf uns diese
Lust erzeugt." Selten ist die kantische Lehre so missverstan-
den worden! Treffend hat Zimmermann[1]) die Negation alles
Objektiven das charakteristische Losungswort der K. d. U.
genannt.

Die Erklärung des Geschmacksurteils nach der Relation
der Zwecke, welche dabei in Betracht gezogen wird, lehnt sich
an die erste Begriffsbestimmung des Schönen an. Ein reiner
Geschmack darf bloss die Zweckmässigkeit der Form zum Bestimmungsgrunde haben und muss frei sein von Reiz und
Rührung. Schönheit bedeutet nichts anderes als formale subjektive Zweckmässigkeit und hat deswegen keine Beziehung
zur Nützlichkeit und Vollkommenheit des Objekts. Die freie
Schönheit (pulchritudo vaga) besteht für sich; die anhängende
(pulchritudo adhaerens) wird Objekten beigelegt, welche unter
dem Begriffe eines bestimmten Zweckes stehen. Bei der letzteren ist das Geschmacksurteil nicht mehr rein.

---

[1]) Geschichte der Aesthetik als philosophischer Wissenschaft. Wien 1858
pg. 420.

Es fällt sogleich auf, dass der Begriff der Form hier ohne Definition eingeführt wird. Was Kant ursprünglich unter Form eines Gegenstandes verstanden hat, lässt sich mit genügender Sicherheit nicht feststellen. „Jedoch bestimmte er im Verlauf seiner Auseinandersetzung den Formbegriff enger und äusserlicher, so dass er z. B. von den Gemälden behauptet, die Schönheit derselben bestehe nicht in den Farben, sondern in der Zeichnung".[1]) Reiz und Rührung dürfen nur deshalb das Geschmacksurteil in keiner Weise beeinflussen, weil nicht die Form, sondern der Stoff es ist, wodurch diese Affekte hervorgerufen werden. Die Erörterung leidet gerade hier an einer solchen Undeutlichkeit, dass die Meinungen der Ausleger weit auseinandergehen. Die einen, wie Zimmermann und Richter[2]), preisen Kants klare Einsicht in das Wesen der Form, als des Brennpunktes aller ästhetischen Fragen, während die anderen, wie Hartmann, Lotze und Fenner, ihm eine unbestreitbare Inkonsequenz zum Vorwurf machen: wenn Kant einmal der Reinheit des Geschmacksurteils so grosse Bedeutung beilegte, warum giebt er dann doch eine anhängende Schönheit zu? Denn eigentlich sollte die Schönheit immer frei sein. Aber dieses freie, einzig rechtmässige Schöne ist auf ein sehr enges Gebiet beschränkt und danach stünde die höchste Schönheit der menschlichen Gestalt hinter einer Arabeske zurück. Die obige Unterscheidung hat, wie Palm[3]) richtig bemerkt, den grossen Nutzen, das Logische vom Aesthetischen zu trennen, aber sie verfehlt doch eigentlich den Begriff des Schönen völlig, denn eben im Ueberwinden der logischen Natur ihres Objekts zeigt sich die Schönheit im reinsten Glanze, und

---

[1]) H. Fenner: Die Aesthetik Kants und seiner Vorgänger. 1875. pg. 21.
[2]) „Zeitschr. f. Philos. und philos. Kritik." Bd. 69. 1876.
[3]) Vergleichende Darstellung von Kants und Schillers Bestimmungen über das Wesen des Schönen. I.-D. Jena 1878. pg. 13.

wie kann sie überwinden, wo kein Widerstand da ist? Blenke[1]) stellt Kant in die Mitte zwischen Form- und Gehaltsästhetiker, ohne jedoch zu leugnen, dass Kant „den rein formalen Faktor als den spezifischen in der Aesthetik in der allerentschiedensten Weise hervorhebt." Damit wird nur ein unentschiedenes Schwanken zwischen beiden Richtungen gekennzeichnet, nicht aber ihre völlige Vereinigung in Kants Aesthetik erwiesen, und gerade die wechselseitige, innige Durchdringung von Stoff und Form macht nach meiner Ueberzeugung das Wesen des Schönen aus.

Der Dogmatismus ist durch die Unabhängigkeitserklärung des Schönen vom Vollkommenen überwunden. Ob auch die Trennung jedes Reizes von der Schönheit aufrecht erhalten werden kann, ist vielfach bezweifelt worden. In der Kunst ist diese kantische Forderung jedenfalls undurchführbar.[2])

Hierher gehört auch, was Baumgart[3]) gegen die Form der Zweckmässigkeit vorgebracht hat. Er ist der Ansicht, dass gerade der Hauptsatz des Systems grosse Bedenken erregt. „Wir sollen im ästhetischen Urteil einer Zweckmässigkeit uns bewusst werden, ohne dass doch irgend ein Zweck uns dabei ins Bewusstsein trete. Im Gemüte soll diese Zweckmässigkeit ohne Zweck, diese Verstandesmässigkeit ohne Begriffe zum Bewusstsein gelangen und die Lust an diesem Bewusstsein der harmonierenden Thätigkeit der Einbildungskraft und des Erkenntnisvermögens überhaupt, nicht der auf irgend ein Objekt gerichteten Erkenntnis, soll die eine einzige immer sich gleich bleibende Freude am Schönen sein." Offenbar handelt es sich hier zumeist um psychologische Hypothesen, für deren Wahr-

---

[1]) Die Trennung des Schönen vom Angenehmen in Kants K. d. aesth. Urteilskraft. I.-D. Strassburg 1889.
[2]) Vgl. Ueberweg-Heinze a. a. O. pg. 283 Anm.
[3]) a. a. O. pg. 266 ff.

scheinlichkeit ein Beweis schwer zu erbringen wäre. Ebenso unmöglich ist es, den Sitz der Urteilskraft aus dem Werk näher zu bestimmen; Kant fertigt uns mit der unsichern Auskunft: „im Gemüt" oder „im Gefühl" ab.

Nicht weniger leidet die Bestimmung des Geschmacks nach der Modalität an mannigfachen Mängeln. Das Schöne gefällt notwendig. Gemeint ist dabei „eine Notwendigkeit der Beistimmung Aller zu einem Urteil, was wie Beispiel einer allgemeinen Regel, die man nicht angeben kann, angesehen wird" (§ 18). Ueberhaupt haben die Geschmacksurteile nur ein subjektives Prinzip, und das ist der Gemeinsinn, unter dessen Voraussetzung die subjektive Notwendigkeit des öffentlichen Beifalls als objektiv vorgestellt wird. Es kommt nur darauf an, dass wir richtig unter die Regel subsumieren.[1]) Damit will Kant seinen Standpunkt gegen den ästhetischen Skeptizismus schützen. Freilich ist seine Auseinandersetzung über Widersprüche nicht hinausgekommen, denn einerseits nimmt er einen Gemeinsinn an, durch den sich das Schöne mit Notwendigkeit beurteilen liesse, anderseits soll die Notwendigkeit des allgemeinen Beifalls beim Geschmacksurteil nur subjektiv sein, durch die Annahme des ästhetischen Gemeingefühls aber objektiv werden. Kant müsste, da er den Anspruch des Geschmackes auf Allgemeingültigkeit durch die allgemeine Gleichmässigkeit der menschlichen Natur erklärt, demzufolge die Gleichberechtigung von kontradiktorischen Urteilen über ein und dasselbe Objekt anerkennen. Das thut er natürlich nicht, sondern spricht von einem richtigen und fehlerhaften Subsumieren. Mit diesem „fatalen Fragezeichen der richtigen Subsumption"[2]) sieht sich Kant genötigt zu endigen. Die

---
[1]) Vgl. auch § 38 Anm. und § 40.
[2]) Vgl. Neudecker: Studien zur Geschichte der deutschen Aesthetik seit Kant. Würzburg 1878. pg. 12.

Notwendigkeit ebenso wie die Allgemeinheit eines ästhetischen Urteils beruhen auf der Beschaffenheit der betreffenden Gegenstände und für die nähere Bestimmung derselben liegen in der ersten und dritten Definition des Schönen Anhaltspunkte vor. So bewahrheitet sich die Bemerkung Zimmermanns[1]: „Es zeigt sich, dass in den kantischen Erklärungen „unbestrittene Keime des Richtigen enthalten sind und nur die ausschliessende Richtung auf das Subjekt ihn gehindert hat, sie zur völligen Reife kommen zu lassen."

Ein Rückblick auf die Analysis des Schönen lehrt, dass, wie die beiden ersten Sätze darlegen, wodurch sich das Geschmacksurteil von jeder Art des Urteilens, des Empfindens und Wollens unterscheidet, so der dritte und vierte den wahren Grund des ästhetischen Wohlgefallens und die objektive Berechtigung der subjektiven Annahme seiner Gültigkeit festzustellen suchen, und zwar sind in den beiden ersten allein schon die charakteristischen Merkmale enthalten, durch welche sich die kantische Aesthetik von jeder vorhergegangenen unterscheidet, während die zwei anderen nur weitere Ausführungen und Zusätze bilden.[2] Der einheitliche Grund der 4 Bestimmungen wurde in dem ästhetischen Gemeinsinn als Wirkung aus dem freien, zweckmässigen Spiel unserer Geisteskräfte, deren Bedingungen bei jedermann gleich sind, gefunden. Derselbe wurzelt nun, wie Kant immer wieder hervorhebt, im Subjekt, weshalb ein objektives Geschmacksprinzip, ein objektiver Begriff des Schönen, nicht möglich sei[3]. Zweifellos bildet die Analytik des Schönen, welche den Inhalt der Geschmacksurteile d. h. die Art der Lust näher erläutert, den weitaus wichtigsten Teil der K. d. U. Die hier niedergelegten Gedanken haben

---
[1] a. a. O. p. 418.
[2] Fenner, a. a. O. pg. 12 u. 14.
[3] Palm, a. a. O. pg. 10.

sozusagen eine kanonische Geltung, wobei man freilich nicht vergessen darf, dass alle diese analytischen Definitionen, mit Ausnahme jener, welche die apriorische Allgemeinheit betrifft, bloss negativ sind; Kant zeigt uns, „wovon das Schöne zu unterscheiden ist, aber nicht positiv, was sein spezifischer Eigeninhalt ist."[1])

Wenn es einigen Beurteilern, wie Lotze und Fenner, noch einfallen konnte, dem Schönen bei Kant ein objektives Element zu vindizieren, ist ein Gleiches bei der Analysis des Erhabenen, soweit ich sehe, noch nie unternommen worden. Kants Subjektivismus tritt hier mit einer Deutlichkeit zu Tage, die nichts zu wünschen übrig lässt. Das Erhabene wird ganz ins Subjekt verlegt. Fälschlich, meint Kant, nennen wir einen Gegenstand erhaben, weil das Erhabene überhaupt nicht in sinnlicher Form enthalten sein kann, sondern nur auf Ideen der Vernunft geht. Die Natur in ihrer Grösse und Macht erregt das Gefühl des Erhabenen am meisten. In der Kunst schränkt Kant das Erhabene immer auf die Bedingungen der Uebereinstimmung mit der Natur ein. Wird die Bewegung des Gemüts, welche sich beim Erhabenen mit der Beurteilung des Gegenstandes verbindet, durch die Einbildungskraft auf das Erkenntnisvermögen bezogen, so entsteht die mathematische, wird sie auf das Begehrungsvermögen gerichtet, so ergiebt sich die dynamische Stimmung der Einbildungskraft. Diese Stimmung wird auf das Objekt übertragen und danach unterscheidet Kant eine mathematische und eine dynamische Erhabenheit. Im Mathematisch-Erhabenen vergleichen wir die Grösse des Naturobjekts mit dem Umfange unserer Einbildungskraft und werden dabei die Grenzenlosigkeit der letzteren mit Lust gewahr. Das Dynamisch-Erhabene besteht in dem Gefühl von der Unab-

---

[1]) Neudecker, a. a. O. pg. 10.

hängigkeit und Ueberlegenheit unseres Geistes, der ganzen Machtentfaltung der Natur gegenüber. Demnach kann nichts ausser uns erhaben heissen; erhaben ist nur das durch den äusseren Gegenstand in uns erweckte Gefühl eines übersinnlichen Vermögens (vgl. auch § 30). Der Anspruch des Erhabenen auf jedermanns Beifall liegt in der allgemeinmenschlichen Anlage zum Moralischen begründet, denn „die Stimmung des Gemütes zum Gefühl des Erhabenen erfordert eine Empfänglichkeit für praktische Ideen."

So vollendet sich hier der kantische Subjektivismus. „Wie das Schöne wesentlich auf Genuss des eigenen, höheren Selbst, so wird das Erhabene auf eine Verehrung für dasselbe zurückgeführt."[1]) Die Vermischung des Aesthetischen mit der Moral beim Erhabenen stammt noch aus den Zeiten der Abhängigkeit Kants von der englischen Aesthetik und darf überdies bei der bevorzugten Stellung, welche das ethische Moment in seinem philosophischen System einnimmt, nicht wunder nehmen. War einmal der Schwerpunkt des erhabenen Urteils auf das moralische Gebiet gelegt, und damit das Erhabene zum Bindeglied zwischen dem Geschmack und der Vernunft gemacht worden, so konnte auch der Uebergang von der Natur zum freien Wollen, den Kant ja an der Urteilskraft zeigen wollte, deutlicher hervortreten als beim Schönen. Uebrigens hatte schon Burke den Gegensatz von „schön" und „erhaben" in ähnlicher Weise durchgeführt. Ebenso möchte ich die sensualistische Erklärung in § 23, wo das Schöne als Gefühl der Beförderung des Lebens, das Erhabene als Empfindung einer augenblicklichen Hemmung der Lebenskräfte mit sogleich darauf folgender, desto stärkerer Ergiessung derselben charakterisiert wird, auf diesen brittischen Einfluss zurückführen. Dass Kant seinen Begriff

---

[1]) R. Zimmermann a. a. O. p. 402.

der Erhabenheit nur aus der Natur ableiten würde, war bei seiner dürftigen Kunstanschauung zu erwarten; Aeschylos, Michelangelo und Bach kannte er nicht.[1]) Vor allem müssen wir gegen die kantischen Ausführungen einwenden, dass die Kategorie der Quantität nicht für alle Fälle des Erhabenen den Ausschlag giebt. Auch ist die obige Zweiteilung keineswegs erschöpfend: das Erhabene der Zeit z. B. wird mit Stillschweigen übergangen. Wahrscheinlich hielt es Kant für mitbegriffen unter der mathematischen Erhabenheit. Einen wirklichen, inneren Unterschied zwischen dem Schönen und Erhabenen findet man gleichfalls nicht auf: was Kant dafür ausgiebt (pg. 109), ist hinfällig. Dagegen sind die Bedenken, welche Schasler in seiner kritischen Geschichte der Aesthetik und Zimmermann (a. a. O.) gegen die kantischen Ideen vorgebracht haben, mit guten Gründen widerlegt worden[2]) und dürfen deshalb an dieser Stelle unerwähnt bleiben. Das Wertvollste in der Analytik des Erhabenen ist meines Erachtens die Feststellung der subjektiven Vorgänge.

Mit der Auflösung der beiden Eigentümlichkeiten des Geschmacksurteils, seiner Allgemeingültigkeit a priori und seiner Notwendigkeit beschäftigt sich die Deduktion der ästhetischen Urteile. Auch in ihr sucht man ein positives Prinzip für das berechtigte Gefallen, für den guten Geschmack vergebens. Da ihre Hauptsätze bereits bei der Besprechung des Schönheitsbegriffes Berücksichtigung und kritische Beleuchtung gefunden haben, gehen wir ohne Verweilen zur Lehre von der Kunst und dem Genie über.

In jenem inneren natürlichen Zusammenhang, den wir

---
[1]) Vgl. L. Friedländer: Kant in seinem Verhältnis zur Kunst und schönen Natur. Preuss. Jahrbücher. XX. 1867.
[2]) Vgl. Paul Schmidt: Kant, Schiller, Vischer über das Erhabene. I.-D. Halle 1880, pg. 14 ff.

von jeder Aesthetik heutigen Tages zu erwarten gewohnt sind, steht die Kunstlehre mit der Theorie des Schönen bei Kant noch nicht, sondern sie ist mehr äusserlich neben den ersten, ungleich tieferen spekulativen Teil gestellt und erinnert durch die Behandlungsweise des Gegenstandes an die anthropologischen Schriften. Kunst im allgemeinen ist „Hervorbringung durch eine Willkür, welche ihren Handlungen Vernunft zu Grunde legt." Die ästhetische Kunst hat das Gefühl der Lust zur unmittelbaren Absicht und spaltet sich wieder in angenehme und schöne Kunst. Bei jener begleitet das Lustgefühl die Vorstellungen als blosse Empfindungen, bei dieser als Erkenntnisarten. Unumgängliches Erfordernis der schönen Kunst ist die Wahrheit in der Darstellung ihres Objekts, und sofern der höchste Grad ihrer Vollkommenheit erstrebt wird, sind Kenntnisse in den historischen Wissenschaften ihre notwendige Grundlage und Vorbereitung. Jeder Jünger der Kunst soll Einbildungskraft, Verstand, Geist und vor allem Geschmack besitzen.

Echte Kunst muss wie Natur aussehen und uns doch als Kunst bewusst sein. Dieser Hinweis auf die Natur als das ewige Muster für den schaffenden Künstler erklärt sich aus der vorherrschenden Richtung der kantischen Spekulation auf das Schöne und Erhabene der Natur. Eine entschiedene Bevorzugung des natürlich Schönen bekundet nach dem früher Erörterten auch die Ansicht: das Naturschöne sei ein schönes Ding und gefalle ohne Begriff, während Kunstschönheit einen schönen Gegenstand nur vorstelle und zuerst einen Begriff vom Objekte voraussetze. Daher werde bei der Beurteilung des Kunstschönen zugleich die Vollkommenheit in Anschlag gebracht, was beim Schönen in der Natur nicht der Fall sei. — Höchst bemerkenswert ist, dass Kant auch bei der Gliederung der Künste vom Subjekt ausgeht. Nach der Art des Ausdrucks, dessen wir uns beim Sprechen bedienen (Wort, Gebärde, Ton), teilt er die Künste in redende, bildende und solche des schönen Spiels der Empfindungen ein. Die redenden Künste umfassen Poesie und Beredsamkeit. Zu den bildenden Künsten gehört die Kunst der Sinnenwahrheit (Plastik) und diejenige des Sinnenscheins (Malerei). Die Plastik zerfällt wieder in die Bildhauerkunst und die Architektur. Alles, was einen willkürlichen Zweck zum Bestimmungsgrunde seiner Form hat, gehört zur Baukunst. Unter den Begriff der Malerei fällt auch die Lustgärtnerei. Die Kunst des schönen Spiels der Empfindungen geht als Musik auf das Gehör, als Farbenkunst auf den Gesichtssinn. — So geistreich der Gedanke auch genannt werden muss, auf den Kant sein System der Künste gründet, — für die thatsächliche Anwendung erweist er sich wenig brauchbar. Der weite Sinn, der in die Begriffe von Plastik, Baukunst und Malerei hineingelegt ist, zeigt deutlich genug, wie schwer es Kant geworden ist, alle Künste dem engen Rahmen seiner Einteilung anzupassen: da wird der Lustgartenbau neben die Malerei, die Farbenkunst, die doch schwerlich von der Malerei zu trennen ist, aber neben die Musik gestellt und endlich das Kunsthandwerk für einen Zweig der Architektur ausgegeben. Auch dürfte die Aufnahme der Beredsamkeit sowie der Lustgärtnerei unter die freien Künste, wegen ihrer überwiegend realen Ziele, sehr anzufechten sein. Kant war einsichtig genug, diese Theorie nur als einen Versuch hinzustellen (pg. 185 Anm.). Bei der Würdigung der Kunst steht wie von jeher das ethische Interesse im Vordergrund. „Wenn die schönen Künste nicht unnützer Unterhaltung oder gar schädlicher Zerstreuung dienen sollen, so müssen sie nahe oder fern mit moralischen Ideen in Verbindung gebracht werden, denn diese allein erregen ein selbständiges Wohlgefallen."

Zur Kunst wird der Geniebegriff in engste Beziehung gesetzt, indem Kant Genie für das Talent erklärt, welches der

Kunst die Regel giebt. Die Wissenschaft kennt keine Genies, weil in ihr der grösste Erfinder nur im Grade vom mühseligsten Nachahmer verschieden ist, in der Kunst aber der Art nach. Diese einseitige Begriffsfassung geht auf die ästhetische Schule der Engländer zurück. Des Genies erste Eigenschaft ist Originalität. Wenn Kant fernerhin beim Genie eine gewisse harmonische Vereinigung von Einbildungskraft und Verstand zum Gesetz macht, so leuchtet der Zusammenhang mit der Analytik des Schönen ein. Wie die Hervorbringung der schönen Kunst Aufgabe des Genies, so ist ihre Beurteilung Sache des Geschmackes.

Der Geschmack erzieht und bildet die Menschheit indem er den Uebergang vom Sinnenreiz zur habituellen Moral ohne einen zu gewaltsamen Sprung möglich macht. Die wahre Propädeutik des Geschmackes sieht Kant in der Kultur des moralischen Gefühls und damit schliesst er seine Kritik der ästhetischen Urteilskraft.

Der heutige Stand unserer Wissenschaft macht es schwer, dem Verdienst des kantischen Werkes, um seines negativen Resultates willen, vollauf gerecht zu werden. Immerhin wird man es in dem scharfen Hervorkehren der wesentlichsten und schwierigsten Seiten des Problems erblicken. Vom Boden des Kritizismus aber aus, für den das objektive Was der Schönheit ein ästhetisches Ding an sich ist[1]) und deshalb unbestimmt bleiben muss, lässt sich der ausschliessliche Subjektivismus sehr wohl verstehen und rechtfertigen. Für die entwicklungsgeschichtliche Auffassung, auf die es hier allein ankommt, gestaltet sich das Urteil am günstigsten, denn sie zeigt uns in der K. d. U. vollendet, was vordem nur angefangen, gefestigt, was so lange schwankend gewesen, und zum System geordnet, was bisher nur zusammenhangslos und zufällig erschienen war.

---

¹) Neudecker, a. a. O. pg. 13.

Nach der Herausgabe dieses dritten kritischen Hauptwerkes, auf welchem die gesamte neuere Aesthetik fusst, hat Kant sich einer systematischen Gestaltung ästhetischer Theorien nicht mehr zugewendet, wohl aber ist er bemüht gewesen, in später erschienenen Schriften einzelne seiner früheren Ausführungen zu ergänzen oder nötigenfalls auch zu berichtigen. Im ganzen hat er jedoch die Grundsätze seiner K. d. U. bis zuletzt wandellos vertreten.

Die „pragmatische Anthropologie" von 1798 folgt, was den Gang und die Art der Darstellung betrifft, ganz der oben besprochenen „Menschenkunde". Ein Vergleich beider Werke hat mir ausser Zweifel gestellt, dass Kant die pragmatische Anthropologie nach seinen Vorlesungen über Menschenkenntnis veröffentlicht und die ästhetischen Bemerkungen dabei an der Hand der inzwischen verfassten K. d. U. berichtigt hat. Die Erörterungen hier und dort decken sich zumeist; in einigen Abschnitten werden ästhetische Begriffe genau so wie in dem Hauptwerke definiert und Kant zitiert sich selbst.[1]) Um Wiederholungen zu vermeiden, würdige ich daher aus dem ästhetischen Inhalt der pragmatischen Anthropologie nur die neuen Zusätze und Abweichungen einer Erwähnung.

Gegenstand des Geschmackes, setzt Kant auseinander, ist allein das Schöne; doch untersteht auch das Erhabene der ästhetischen Beurteilung, weil die Vorstellung desselben an sich schön sein soll. Sobald das Erhabene in der Beschreibung oder Darstellung nicht schön ist, läuft es dem Geschmack zuwider und erscheint wild, rauh und abstossend (pg. 186). Mit dieser Forderung kommt Kant auf die bereits in den „Beobachtungen" angeregte Frage nach der Vereinigung des Schönen mit dem Erhabenen bestimmter zurück. Er hält dafür, dass

---

[1]) Vgl. S. 159 u. K. d. U. pg. 182 § 49; desgl. S. 161 u. K. d. U. § 46.

der wahre, ideale Geschmack beides in der Pracht verbinden wird (pg. 193). Gewöhnlich ist Geschmack ein sinnliches Beurteilungsvermögen; im Unterschiede davon beruht der „vernünftelnde" Geschmack auf einer Regel a priori, die notwendig und für alle ankündigt, wie die Vorstellung eines Gegenstandes in Bezug auf das Gefühl der Lust oder Unlust zu beurteilen sei (pg. 184). Da nur die Form Anspruch auf ein allgemeines Gesetz für das ästhetische Gefühl erheben kann, so ruft sie das Wohlgefallen am Objekt hervor. Sehr unbestimmt ist dabei die Definition der Form als Art und Weise, „wie es die freie (produktive) Einbildungskraft durch Dichtung zusammenpaart." Ein jedes Kunstwerk, gleichviel ob es den redenden oder bildenden Künsten angehört, erheischt neben Geschmack noch Originalität des Gedankens d. i. Geist. Der Geist schafft die Ideen, der Geschmack giebt ihnen die den Normen der schöpferischen Einbildungskraft angemessene Form. Phantasie heisst hier das Vermögen der Anschauung ohne die Gegenwart des Dinges; von grösster Wichtigkeit ist dieses Vermögen für den Künstler, denn alles, was er sinnlich darstellen will, muss zuerst in seiner Einbildung vorhanden sein. Das Genie erklärt Kant für Originalität der Einbildungskraft, wenn sie mit Begriffen übereinstimmt (pg. 76). Unter Talent versteht er eine derartige Vorzüglichkeit des Erkenntnisvermögens, welche nicht durch Unterweisung erworben, sondern Eigenschaft der natürlichen Anlage des Subjekts ist. (pg. 152).

Auffällig Neues bieten die Bemerkungen über die Urteilskraft. Dieselbe soll auf das „Thunliche, Schickliche und sich Geziemende" gehen und danach entweder technisch oder ästhetisch oder praktisch heissen. Dieser Einteilung der Urteilskraft begegnet man nur hier. Ebenso seltsam ist eine zweite Aeusserung. Kant lässt nämlich in dem vorliegenden

Werk das Allgemeine zu dem gegebenen Besonderen durch
das Vermögen des Witzes finden, und es bleibt völlig unersichtlich, weshalb auf einmal der Witz an die Stelle der
reflektierenden Urteilskraft tritt. Etwas ergiebiger sind die
eingestreuten Gedanken über Kunst und Künstler.

Kant bringt ein neues Gliederungsprinzip zur Anwendung,
wonach Künste der intuitiven und der diskursiven Vorstellungsart unterschieden werden (pg. 191). Die letzteren begreifen
Poesie und Beredsamkeit; den ersteren gehören die bildenden
Künste und die Musik an. Von einem Werk der Dichtkunst
verlangt Kant in erster Reihe Originalität in der Darstellung
des Gedankens. Ein geborner Dichter muss durch sein
Temperament befähigt sein, die Sorgen des Lebens über dem
geselligen Spiel mit Gedanken zu vergessen [1]) (pg. 198). Dem
Alter, so ergänzt Kant eine frühere Bemerkung, gelingen nur
Epigramme und Xenien d. s. Werke des kaustischen Witzes,
aber diese Poesie verdiene kaum noch den Namen einer Kunst.
Auf das allgemeine Kontrastgesetz kommt er ebenfalls zurück
und weist dasselbe auch in den Dichtungsarten der Travestie
und Parodie nach. So erzielten **Fielding** und **Blumauer**
komische Kontrastwirkungen, indem sie „etwas offenbar Verächtliches in der Sprache der Lobpreisung vortragen, um die
Ungereimtheit dadurch noch fühlbarer zu machen" (pg. 61). —

Die Musik ist eine Sprache blosser Empfindungen ohne
alle Begriffe. Den Lauten entsprechen die Töne und sie dienen
als Träger der Mitteilung von Gefühlen an die Allgemeinheit.
Der einseitigen Auffassung Kants zufolge kann die Musik nur
dann für eine s ch ö n e Kunst gelten, wenn sie sich der Poesie

---

[1]) Für die Wahrheit dieses kantischen Satzes spricht das Bekenntnis
Goethes, er suche alles, was ihn quäle, in ein Gedicht zu verwandeln und
darüber mit sich abzuschliessen, sich durch künstlerische Darstellung wie
von einer Last zu befreien.

anschliesst (pg. 196). [1]) Welches Gewicht Kant auch in den bildenden Künsten auf den Ausdruck von Gedanken legte, zeigt sich in dem Ausspruch: „Der Ideenmaler ist allein der Meister der schönen Kunst." Angemessenheit zur untergelegten Idee wird überdies von jedem ästhetisch zu beurteilenden Werke gefordert.

Trotzdem die Kunst das Gemüt nur spielend unterhält, steht sie der Wissenschaft an Wert dennoch gleich, weil auch ihr Ziel die Förderung der Menschheit in Kultur, Zivilisation und Moral ist.

Nach alledem wird man in den ästhetischen Teilen der pragmatischen Anthropologie keinen Fortschritt über die K. d. U. hinaus, keine höhere Entwicklungsstufe der ästhetischen Einsichten Kants erblicken. Nur vereinzelte, geringfügige Zusätze zu den früher bereits getroffenen Bestimmungen heben sich von dem anthropologisch gefärbten Grunde des ganzen Werkes stellenweise für uns ab. Es hiesse die Bedeutung derselben für die Aesthetik Kants überschätzen, wollte ich ihnen noch mehr Platz in meiner Darstellung einräumen.

---

[1]) Siehe dazu Seite 58 dieser Arbeit.

Aus dem Jahre 1800 stammt Jäsches Ausgabe der kantischen Logik. Sie ist das letzte, zu Lebzeiten des grossen Philosophen erschienene Werk, in welchem auch den ästhetischen Problemen Beachtung geschenkt wird. Von jeher war Kant es gewohnt, bei dem Vortrage der logischen Disziplin das Gebiet unserer Wissenschaft in gelegentlichen Exkursen zu streifen. Schon in der Ankündigung seiner Vorlesungen für das Winterhalbjahr 1765/66 fügt er der Nachricht, dass seine Behandlung der Logik sich dem „Auszug aus der Vernunftlehre von G. Fr. Meier"[1]) anschliessen werde, die Bemerkung hinzu: „wobei zugleich die sehr nahe Verwandtschaft der Materie Veranlassung giebt, bei der Kritik der Vernunft einige Blicke auf die Kritik des Geschmackes d. i. die Aesthetik zu werfen, davon die Regeln der einen dazu dienen, die der andern zu erläutern." Bekundet auch die Logik in der uns vorliegenden Gestalt keine Aenderung des in der K. d. U. vertretenen und allen anderen Richtungen gegenüber behaupteten Standpunktes, so übertrifft sie doch an Gründlichkeit und Tiefe der darin niedergelegten Gedanken bei weitem die pragmatische Anthropologie. Mit einigen Ausführungen hat Kant selbst den Anschauungskreis seines ästhetischen Hauptwerkes in willkommener Weise erweitert. Zwar scheint mit diesem Urteil die gleich im Anfang der Logik sich findende Begriffsbestimmung der Aesthetik und ihre Ablehnung als Wissenschaft durchaus in Widerspruch zu stehen. Die Aesthetik, heisst es hier (pg. 8), ist Kritik des Geschmackes und stellt kein Gesetz auf, sondern giebt nur eine Norm d. h. ein Muster für die Beurteilung. Diese Richtschnur ist das allgemeine Wohlgefallen. Weil die Aesthetik nur die „Regeln der Uebereinstimmung des Erkennt-

[1]) Halle 1752.

nisses mit den Gesetzen der Sinnlichkeit" enthalte und nur empirische Prinzipien habe, könne sie keine Wissenschaft sein, denn zu dieser gehöre eine dogmatische Unterweisung aus Grundsätzen a priori, „in der man alles durch den Verstand ohne Zuhilfenahme der Erfahrung einsieht." Das Bestreben, über den Geschmack durch Vernunftgründe zu entscheiden, sei stets erfolglos geblieben. Allerdings hätte Baumgarten den Plan zu einer im eigentlichen Sinne wissenschaftlichen Aesthetik entworfen, doch richtiger bezeichne Home die Aesthetik als Kritik, da ihre Regeln aus der Erfahrung hergenommen würden und nur durch den Vergleich für einen weiteren Kreis Geltung erhielten. — Augenscheinlich sind wir damit wieder auf die Entwicklungsstufe der Metaphysik, bzw. jener höchst interessanten Anmerkung in der Vernunftkritik versetzt und danach wäre eine Rückkehr Kants zum Empirismus anzunehmen. Es ist mir jedoch unmöglich zu glauben, dass Kant sein ästhetisches System so bald hätte für nichtig erklären können, und ich halte es für völlig zweifellos, dass Jäsche diese Stelle aus dem ihm eingehändigten kantischen Exemplare, wie sie etwa schon 1766 niedergeschrieben war, kritiklos herübergenommen und abgedruckt hat.[1]) Die gleiche Nachlässigkeit des Herausgebers hat weiterhin auch den Anschein verschuldet, als hinge Kant noch dem deutschen Dogmatismus an. Das Schöne wird nämlich an dem betreffenden Orte (pg. 42 ff.) zu den undeutlichen Begriffen gezählt, denn bei ihm kämen verschiedene, darunter besonders 2 Merkmale vor: einmal sei es Objekt der sinnlichen Anschauung und sodann gefalle es allgemein. Da wir uns nun das Mannigfaltige dieser und anderer Merkmale der Schönheit nicht auseinandersetzen könnten, sei unser Begriff von ihr

---

[1]) Das oberflächliche, vielfach sogar eigenmächtige Verfahren Jäsches hat meines Wissens zuerst B. Erdmann in den „Göttinger gelehrten Anzeigen" vom Mai 1880 bemerkt.

undeutlich. Diese Aufzeichnung kann nur aus Kants rationalistischer Periode herrühren An die „Menschenkunde" insbesondere erinnert eine Ansicht über die Dichtkunst (pg. 31). Poesie sei Einkleidung von Gedanken in Bilder und gehe nach ihrem Alter der Prosa voran; selbst die Sprache der ältesten Philosophen wäre bilderreich und poetisch gewesen. Mehr schon nähern sich dem Hauptthema der ästhetischen Reflexionen dieses Werkes die Aeusserungen über populäre Wissenschaft. Wir bestimmen, erklärt Kant, unsern geistigen Horizont ästhetisch d. h. nach Geschmack, wenn wir unser Wissen volkstümlich zu machen oder überhaupt nur solche Kenntnisse uns zu erwerben suchen, die sich jedermann mitteilen lassen und allgemeines Interesse beanspruchen können. Dies thaten u. a. die Humanisten, indem sie in der antiken Beredsamkeit, Dichtung und Litteratur Mittel der Geschmacksbildung sowie auch die erwünschte Vereinigung von Schönheit und Wissenschaft erblickten. Eine neue Wendung giebt Kant einem schon aus seiner K. d. U. bekannten Gedanken im folgenden Satz: „Die Schlüsse der reflektierenden Urteilskraft bestimmen nicht das Objekt, sondern nur die Art der Reflexion über dasselbe, um zu seiner Kenntnis zu gelangen" (pg. 205); damit soll der Subjektivismus aus dem Charakter der Urteilskraft selbst hergeleitet werden.

Bei weitem den wichtigsten und auch äusserlich den umfangreichsten Teil des ästhetischen Inhaltes der Logik nehmen jedoch die eingeflochtenen Betrachtungen über ästhetische und logische Vollkommenheit ein. An dieselben knüpfen sich direkt Erkenntnisse, die, gegen die früheren gehalten, neue Ausblicke eröffnen und ein weites, beinahe ganz unbebautes Arbeitsfeld für die Aesthetik erschliessen (pg. 46 ff.).

Unter ästhetischer Vollkommenheit versteht Kant eine nach Gesetzen der Sinnlichkeit vollkommene Erkenntnis; sie bezieht sich auf die Anschauung und stimmt mit dem Subjekt überein. Es finden bei ihr keine objektiv- und allgemeingültigen Prinzipien statt, hinsichtlich deren sie sich auf eine alle denkenden Wesen bindende Weise beurteilen liesse. Da es aber auch allgemeine Regeln der Sinnlichkeit giebt, welche subjektiv für die gesammte Menschheit Geltung haben, so lässt sich auch eine ästhetische Vollkommenheit denken, die den Grund eines subjektiv-allgemeinen Wohlgefallens enthält. Das ist die Schönheit (pg. 47). Sie gefällt den Sinnen in der Anschauung und kann deswegen überall Beifall finden, weil die Gesetze der Anschauung allgemeine Vorschriften der Sinnlichkeit sind. Mit ihnen stimmt das eigentliche, selbständige Schöne, dessen Wesen in der blossen Form besteht, überein, während das Angenehme lediglich in der Empfindung durch den Reiz gefällt und deshalb auch nur Ursache eines Privatwohlgefallens sein kann. Sofern wir auf das wesentlich Schöne sehen, vermag die ästhetische Vollkommenheit sich mit der logischen (d. i. Vollkommenheit einer Erkenntnis nach Verstandesgesetzen) zu verbinden. Indessen ist die Kluft zwischen beiden nie völlig auszufüllen, denn der Verstand will Belehrung und Einsicht, die Sinnlichkeit dagegen Belebung und Fasslichkeit haben. Gleichwohl ist es Trieb des menschlichen Geistes, in unsern Erkenntnissen die genannten zwei Arten von Vollkommenheit zu verbinden; die Erkenntnisse sollen unterrichtend und deshalb gründlich, sie sollen zugleich unterhaltend und darum schön sein Zu beachten ist dabei einmal, dass die logische Vollkommenheit als Basis aller übrigen keiner anderen ganz aufgeopfert werden oder nachstehen darf; nächst ihr muss die formale ästhetische Vollkommenheit oder die Uebereinstimmung einer Erkenntnis mit den Prinzipien der Anschauung namentlich berücksichtigt werden, denn auf ihr beruht das wahrhaft Schöne, und schliesslich sind Reiz und Rührung nur sehr sparsam anzuwenden, weil sie der logischen Vollkommenheit am meisten Abbruch thun. Im Anschluss daran vergleicht Kant beide Vollkommenheiten nach den 4 Hauptmomenten der Quantität, Qualität, Relation und Modalität, um ihre Verschiedenheit allseitig zu beleuchten.

Eine Erkenntnis heisst vollkommen, wenn sie allgemein, deutlich, wahr und gewiss ist. Demnach muss die logische Vollkommenheit aus objektiver Allgemeinheit und Deutlichkeit (im Begriffe), aus objektiver Wahrheit und Gewissheit bestehen. Desgleichen unterscheidet er 4 Erscheinungsweisen der ästhetischen Vollkommenheit. Die ästhetische Allgemeinheit ist „Anwendbarkeit einer Erkenntnis auf eine Menge von Objekten, die zu Beispielen dienen." Die ästhetische Deutlichkeit liegt in der Anschaulichkeit, in der konkreten Darstellung oder Erläuterung eines abstrakten Begriffes. Die ästhetische Wahrheit giebt sich blos als Uebereinstimmung einer Erkenntnis mit dem Subjekt und den Gesetzen des Sinnenscheins zu erkennen und ist also nichts weiter als ein allgemeiner Schein. Hiermit tritt Kant auch dem Wesen des ästhetischen Scheines einmal näher; noch in der K. d. U. wurde jeder Anhalt für dessen Bestimmung vermisst; die hier gegebene Definition erweist sich ohne Frage als stichhaltig und brauchbar.

Aesthetische Gewissheit nennt die Logik sodann alles, was nach dem Zeugnis der Sinne notwendig und durch die Erfahrung bestätigt ist. An der Spitze aller Vollkommenheiten steht die Wahrheit. Auch bei der ästhetischen Gattung ist sie die conditio sine qua non, denn ohne ihr Mitwirken kann etwas dem Geschmacke nicht allgemein gefallen. Daneben legt Kant auf die logische und ästhetische Deutlichkeit besonderes Gewicht. Die erstere bezeichnet eine Klarheit durch Begriffe als Merkmale (pg. 91). Beide Darstellungsarten beeinträchtigen sich oftmals; aber, gleichwie sich die Kunst des

Genies in der grösstmöglichen Vereinigung der logischen mit der ästhetischen Vollkommenheit zeigt, so wird ein „heller Kopf" auch die logische und ästhetische Deutlichkeit recht zu verbinden wissen; ihm wird es gelingen, abstrakte und schwierige Erkenntnisse in lichtvoller und der Fassungskraft des gemeinen Verstandes angemessener Weise wiederzugeben. Alle die angeführten Vollkommenheiten beruhen im letzten Grunde auf der harmonischen Vereinigung von Mannigfaltigkeit und Einheit (pg. 51). Die letztere liegt beim Verstande im Begriff, bei den Sinnen in der Anschauung; eine Mannigfaltigkeit ohne Einheit kann uns nicht befriedigen. Wie sehr diese beiden Begriffe durch die Aesthetik Hegels und seiner Schule zu Ehren gekommen sind, ist bekannt. Ob Kant an diesem Ort dazu Anlass gegeben hat, ob sein direkter Einfluss sich nachweisen lässt, muss dahingestellt bleiben. Aber auch, wenn man eine solche Wirkung auf die nachkantische Zeit ganz verneinen sollte, hat die Logik ihre Bedeutung.

Im einzelnen leuchtet der Zusammenhang mit der K. d. U. ein. Die Definitionen und Sätze sind durchweg prägnant und klar. In ihrer Erklärung weist die formale ästhetische Vollkommenheit auf die subjektive Zweckmässigkeit des Hauptwerkes hin. Der Nachdruck, mit dem sodann beim Verknüpfen beider Fundamentalvollkommenheiten die logische hervorgehoben wird, lässt erkennen, dass Kant die Wirkung des Schönen auf die Verstandeskräfte hoch anschlug. Auch zur völligen Würdigung des so lange übersehenen ästhetischen Scheins schreitet die Logik fort, wie dies die Erhebung der Wahrheit über alle andern Arten von Vollkommenheit beweist.

Ueberhaupt hat Kant mit der Ausdehnung seiner ästhetischen Forschung auf das Gebiet der Erkenntnis dem System seiner Aesthetik nicht blos eine notwendige Ergänzung hinzugefügt, er hat ihm damit auch den würdigsten Abschluss gegeben.

Stellen wir noch in Kürze die Resultate aus den vorangegangenen Untersuchungen fest, so zeigt sich zunächst, dass Kant von der sensualistischen und dogmatischen Aesthetik seines Jahrhunderts ausgeht und schliesslich bei einem aufs höchste gesteigerten Subjektivismus anlangt, wenn sich auch seine Herkunft aus der Schule des Empirismus und Rationalismus in einigen Zügen nie verleugnet hat. Die entwicklungsgeschichtliche Betrachtung giebt ferner über die Entstehung der einzelnen Teile der kantischen Aesthetik zuverlässige Aufschlüsse. Die Anfänge der Kunstlehre fallen schon in die sechziger Jahre. Nach dem Erscheinen der einschlägigen Schriften Winckelmanns und Lessings gestaltete sie sich etwas reicher, blieb aber von da ab im wesentlichen unverändert. Sie wurzelt in der englischen Ueberlieferung und darin gleicht ihr die etwas jüngere Lehre von der Einbildungskraft und dem Genie; hier und dort ist die Anlehnung an englische Vorbilder (Shaftesbury, Home und Gerard) unverkennbar. Die Ausbildung der kritischen Philosophie bedingt sodann den extremen Subjektivismus; das Gefühl der Lust und Unlust wird zum erstenmal mit vollem Bewusstsein in den Mittelpunkt alles Aesthetischen gestellt, und auch die strenge Scheidung des Schönen vom Angenehmen und Guten bereits in dieser Zeit vollzogen. Die Urteilskraft geht in der vorkritischen Periode neben dem Witz als ein selbständiges Seelenvermögen einher, bis sie nach dem Ausbau des transcendentalen Idealismus willkürlich mit dem Geschmack als „ästhetische Urteilskraft" in eins verschmolzen wird. Das Erhabene reicht in seinem Ursprung bis auf Burke und das erste Stadium des kantischen Empirismus zurück; in der Folge erhält dieser Begriff durch Anpassung an das kritische System seine endgültige Gestalt. Am spätesten wendet Kant ästhetische Prinzipien auf die Erkenntnis an. Das Ergebnis aller meiner Erörterungen lässt sich kurzweg auch so aussprechen:

Die Hauptsätze der reifen Aesthetik Kants standen bereits 1780 fest.

Nur tiefer begründet und reicher ausgeführt kehren sie ein Jahrzehnt darauf in der K. d. U. wieder.

Vita.

Ich, Richard, Bruno, Heinrich Grundmann wurde am 30. September 1870 als Sohn des Hutfabrikanten Gustav Grundmann und Frau Emma g. Pusch in Thorn geboren. Meine Confession ist die evangelische. Der erste Unterricht ward mir in Memel, der Heimat meiner Mutter, erteilt. Von 1878 an besuchte ich das kgl. humanistische Gymnasium zu Thorn und verliess dasselbe Ostern 1890 mit dem Zeugnis der Reife. Ich bezog darauf die Universität Königsberg, welche ich bereits November 1891 mit derjenigen zu Leipzig vertauschte. An letzterer bestand ich im Oktober 1893 das schriftliche Doctorexamen mit der Zensur laudabilis, das mündliche summa cum laude und begab mich sodann zur Vorbereitung auf die philologische Staatsprüfung nach München, wo ich seit November 1893 an der Universität immatrikuliert bin.

Meine Studien erstreckten sich vornehmlich auf Philosophie, neuere Sprachen und Kunstgeschichte. Vielfache dankenswerte Anregungen empfing ich durch die Vorlesungen der Herren Professoren: Appel, Baumgart, Breymann, Brockhaus, Carriere, Debio, Heinze, Hildebrand, Janitschek, Kaluza, Kretzschmar, Paul, Schade, Schoene, Walter und Wundt.

In Königsberg gehörte ich dem germanistischen, in Leipzig dem philosophischen Seminar als ordentliches Mitglied an und besonders den Directoren der genannten Seminarien: den Herren Geheimen Räten Schade und Heinze fühle ich mich für reiche Förderung in jeder Hinsicht herzlich verbunden.